Metz August 1870

Militärhistorischer Reiseführer zu den Schlachtfeldern des Deutsch-Französischen Krieges 1870 bei Metz

Band 1: Von Saarbrücken zur Mosel

Saarbrücken – Spichern – Colombey/Nouilly – Noisseville

Hans-Jörg Jährig

Bibliografische Information der Deutschen Nationalbibliothek:
Die Deutsche Nationalbibliothek verzeichnet diese Publikation in der Deutschen
Nationalbibliografie; detaillierte bibliografische Daten sind im Internet über
http://dnb.dnb.de abrufbar.

© 2021 Hans-Jörg Jährig

Herstellung und Verlag: BoD – Books on Demand, Norderstedt

ISBN: 978-3-7534-0392-2

VORWORT

Diverse Veranstaltungen, die im August 2020 anlässlich des 150. Jahrestages der Schlachten bei Metz vom August 1870 von langer Hand an den Originalschauplätzen in Frankreich geplant worden waren, konnten aufgrund der Coronapandemie nicht oder nur in verringertem Umfang stattfinden. Und wie so viele andere Vorhaben im Jahr 2020 wurde auch die rechtzeitige Fertigstellung dieses Buches durch die aktuelle Situation zunichte gemacht. Daher erscheint es nunmehr mit etwas Verzögerung, wird aber dem interessierten Leser hoffentlich hilfreich bei zukünftigen Besichtigungsfahrten sein.

Entstanden ist dieses Buch wie schon meine frühere Veröffentlichung zu den Schlachten bei Weissenburg und Wörth im Nordelsass[1] mit dem Ziel, die Ergebnisse und Erkenntnisse meiner als Hobby betriebenen intensiven und langjährigen Beschäftigung mit dem Thema einem interessierten Publikum zur Verfügung zu stellen. Es existiert eine Vielzahl von hervorragenden Buch- und Internetveröffentlichungen, die Geschichte und Hintergründe des Deutsch-Französischen Kriegs sehr detailliert darstellen, darunter auch ein militärhistorischer Reiseführer Metz[2] aus dem Jahr 1995. Es fehlen jedoch in der Literatur genauere und umfassende Beschreibungen der zahlreichen deutschen Monumente (Kriegerdenkmäler und Kriegsgräber), die die Zeiten auf den ehemaligen Schlachtfeldern in Frankreich in oft erstaunlich gutem Zustand überdauert haben. Darüber hinaus nennen die wenigsten Veröffentlichungen die auf den Monumenten verzeichneten Namen der Gefallenen. Denn auch wenn die Kriegerdenkmäler nicht zuletzt Symbole für die nationale Begeisterung über Sieg und Reichseinigung waren und zudem den beteiligten Regimentern zur gloriosen Selbstdarstellung dienten, sollte auch an die Gefallenen gedacht werden. Auf allen Denkmälern steht die Widmung: „Unseren Toten". Und in diesem Krieg wurden erstmals nicht nur Heerführer und Offiziere einer Erwähnung auf einem Denkmal für würdig befunden,

---

[1] Jährig, Hans-Jörg: Weissenburg Wörth 1870. Ein militärgeschichtlicher Reiseführer zu den Schlachtfeldern des Deutsch-Französischen Krieges vom August 1870 im Nordelsass, Norderstedt 2019
[2] Rohde, Horst; Geiger, Armin Karl. Hrsg.: Horst Rohde und Robert Ostrovsky: Militärgeschichtlicher Reiseführer Metz, Berlin, Bonn, Hamburg 1995

sondern parallel zu der Ordenswürdigkeit des einfachen Soldaten, die mit der Stiftung des Ordens des Eisernen Kreuzes durch Friedrich Wilhelm III. im Jahre 1813 festgeschrieben wurde, wurden nunmehr auch in zunehmendem Maß Unteroffiziere und Mannschaften namentlich festgehalten. Das auf den meisten Denkmälern prangende Eiserne Kreuz wirkte in diesem Sinn als Symbol der Erinnerung an die Gefallenen aller Dienstgrade.

Das vorliegende Buch hat zum Ziel, diese Aspekte in die Beschreibung der Schlachtfelder der Augusttage 1870 zu integrieren und somit militärhistorisch interessierten Lesern einen Reiseführer an die Hand zu geben, der auf ausgewählten Besichtigungsrouten die Schlachtfelder in Wort und Bild darstellt, die wesentlichen Monumente im Detail mit ihrem historischen Hintergrund beschreibt und einen Bogen spannt zu den Menschen, deren Namen auf diesen Monumenten als Gefallene verzeichnet sind.

Nach längerer Überlegung habe ich die Buchform einer Internetveröffentlichung vorgezogen, weil sie nach meiner Erfahrung für die Besuche vor Ort übersichtlicher ist. Mit einer Eigenpublikation im Book-on-demand-Verlag kann dem sicherlich eher begrenzten Kreis der Interessenten eine geeignete Veröffentlichungsform geboten werden, auch wenn durch die eigenhändige Erstellung und Bearbeitung nicht in allen Bereichen der professionelle Standard von Text, Bildqualität und Layout herkömmlich gedruckter Werke erreicht werden sollte.

Ich wünsche Ihnen interessante Besichtigungen und hoffentlich viele neue Informationen zu den historischen Ereignissen auf den Schlachtfeldern vom August 1870.

Rückfragen und Kommentare gerne jederzeit über den Verlag.

EINLEITUNG

Wer auf der Autobahn A6 südlich an Saarbrücken vorbeifährt in Richtung Metz, wird die links oberhalb des Grenzübergangs „Goldene Bremm" liegenden Hügel vermutlich kaum bewusst wahrnehmen. Schon gar nicht wird der Uneingeweihte ahnen, dass an den Hängen dieser Hügel am 6. August 1870 eine überaus blutige Schlacht tobte und rund 50 Kilometer weiter beiderseits der nunmehr auf französischer Seite A4 heißenden Autobahn Mitte bzw. Ende August 1870 ebenfalls heftige Kämpfe stattfanden, die als die Schlachten bei Colombey/Nouilly bzw. Noisseville in die Geschichte eingingen.

Bekannter sind die Schlachten auf dem westlichen Moselufer bei Metz, wo die deutschen Truppen am 16. August 1870 den französischen Rückzug bei Vionville und Mars-la-Tour aufhalten konnten. Kriegsvorentscheidend war dann die Schlacht bei Gravelotte und St. Privat am 18. August 1870, die zur Einschließung der französischen Rheinarmee in der Festung Metz und ihrer späteren Kapitulation führte. Das moderne französische Museum in Gravelotte und die schon 1905 von deutscher Seite angelegte große Kriegsgräberstätte mit Ehrenhalle haben zum Bekanntheitsgrad dieser Schlacht beigetragen.

An alle diese Schlachten erinnert noch heute eine kaum übersehbare Anzahl von deutschen Kriegerdenkmälern und Kriegsgräbern auf den ehemaligen Schlachtfeldern, die größtenteils noch in gutem Zustand sind trotz der Tatsache, dass nicht nur Witterungseinflüsse über 150 Jahre dem üblicherweise für die Monumente verwendeten Sandstein zugesetzt haben, sondern dass auch heftige Kämpfe zweier nachfolgender Weltkriege mit all ihren Schrecknissen diese Landschaft heimgesucht haben. Dieser gute Zustand ist nicht zuletzt den französischen Behörden, insbesondere dem Souvenir Francais[3] zu verdanken, der diese Monumente unter seine Obhut genommen hat, und dazu auch eng mit dem

---

[3] 1887 gegründet als nationale Gesellschaft zur Aufrechterhaltung des Gedenkens an die Toten sowie der Pflege der Gräber des Deutsch-Französischen Krieges 1870/71. Heute übt der Souvenir Francais diese Aufgaben im Auftrag der franz. Regierung für alle im Kampf für Frankreich („morts pour la France") Gefallenen aus.

Volksbund Deutsche Kriegsgräberfürsorge e.V. zusammenarbeitet, der in Frankreich mit der SESMA[4] vertreten ist.

Die französischen Behörden haben in den letzten Jahren erhebliche Anstrengungen unternommen, um die Schlachtfelder für interessierte Besucher zu erschließen, und haben z.B. außer dem Neubau des Museums in Gravelotte[5] auch die Anlage der „Chemins de mémoire 1870" gefördert. Dies sind beschilderte Rundwege über die Schlachtfelder, die die Historie und deren Hintergründe erläutern. Vor dem Hintergrund, dass dieser Krieg mit einer Niederlage für Frankreich endete, sind diese Maßnahmen umso bemerkenswerter und sehr zu begrüßen. Beschreiben sie doch nicht nur die eigentlichen Kampfhandlungen, sondern rufen auch die Auswirkungen auf das Verhältnis und die Entwicklung beider Länder ins Bewusstsein und stellen so die heutigen Besichtigungen der Schlachtfelder in einen deutlichen Gegensatz zu dem national geprägten und patriotisch überbordenden Schlachtfeldtourismus, der in den Jahren nach 1871 im Deutschen Reich einsetzte und die Zeit bis zum 1. Weltkrieg beherrschte.

Wie schon an früherer Stelle angemerkt, liegt auch mir persönlich das deutsch-französische Verhältnis sehr am Herzen. Meine Sympathien für Frankreich, seine Menschen und seine Kultur wurden durch die intensive Arbeit, die zahlreichen Besuche sowie die persönlichen Kontakte vor Ort, die mit der Erstellung dieses Reiseführers verbunden waren, nur gestärkt. 1870/71 ist zugegebenermaßen ein trauriges Kapitel im Verhältnis beider Länder, aber es gehört zu unserer gemeinsamen Geschichte. Wir können diese nicht nachträglich ändern, aber uns in Erinnerung rufen und zur steten Mahnung dienen lassen. An uns liegt es, Gegenwart und Zukunft zu gestalten.

Dieses Buch ist ein Reiseführer und soll dem interessierten Leser die notwendigen Informationen bieten für die Planung eigener Besichtigungsfahrten. Dabei ist zu berücksichtigen, dass die Schlachtfelder von sechs Gefechten bzw. Schlachten auf dem Weg nach und bei Metz im August 1870 Gegenstand der Beschreibungen sind

---

[4]   Unter der Bezeichnung SESMA (Service pour l'Entretien des Sépultures Militaires Allemandes) hat der Volksbund eine französische Geschäftsstelle in Frankreich mit Sitz in Metz.

[5]   Musée de la guerre de 1870 et de l'annexion, 11 Rue de Metz, 57130 Gravelotte

und dass selbst bei einer Beschränkung auf die wichtigsten Monumente allein aufgrund der Anzahl der Denkmäler und Kriegsgräber eine Aufteilung in zwei Teilbände sinnvoll ist.

Daher wird die Thematik wie folgt in zwei Teilbänden behandelt:

Band 1:

- 2. August 1870   Gefecht bei Saarbrücken
- 6. August 1870   Schlacht bei Spichern
- 14. August 1870   Schlacht bei Colombey/Nouilly
- 31. August/1. September 1870   Schlacht bei Noisseville[6]

Band 2[7]:

- 16. August 1870   Schlacht bei Vionville/Mars-la-Tour
- 18. August 1870   Schlacht bei Gravelotte/St. Privat

Für jeden Bereich wird eine Rundfahrt vorgeschlagen, anhand derer die wichtigsten Orte und die sehenswertesten Denkmäler und Kriegsgräber der deutschen Regimenter besichtigt werden können. Die Schlachtfelder sind im Allgemeinen ausgeschildert und gut zu erreichen, sie liegen alle in Reichweite zur deutschen Grenze. Von Saarbrücken bis Metz sind es über die Autobahn rund 65 km. Die Besichtigung kann meistens mit dem Auto erfolgen, aber manche Orte bzw. Monumente liegen abseits der Straßen und müssen bei Interesse zu Fuß erkundet werden.

Der vorliegende erste Band führt auf zwei Rundfahrten (Saarbrücken inkl. Rundgang über die Spicherer Höhen sowie Colombey/Nouilly/Noisseville) zu den Schlachtfeldern des Deutsch-Französischen Krieges zwischen Saarbrücken und dem östlichen Vorland von Metz.

Alle im Text erwähnten Denkmäler und Kriegsgräber sind im III. Teil im Detail beschrieben.

---

[6] Die Beschreibung erfolgt aufgrund der räumlichen Überschneidungen zusammen mit der Schlacht bei Colombey/Nouilly

[7] Die Veröffentlichung des zweiten Bandes ist für das 2. Halbjahr 2021 geplant.

INHALTSVERZEICHNIS

Vorbemerkung zu den Quellen

1. Die Kämpfe

Hauptsächliche Quellen für die Beschreibung der kriegerischen Ereignisse waren neben den bekannten Standardwerken über den Deutsch-Französischen Krieg insbesondere die zahlreichen zeitgenössischen, inzwischen aber im Internet einsehbaren Regimentsgeschichten. Mit ihrer Hilfe konnte die angestrebte Schilderung der Kämpfe auf Regiments- und Bataillonsebene erreicht werden. Speziell für den Bereich Saarbrücken und Spichern war die Saarbrücker Kriegschronik[8] eine wertvolle Hilfe. Die Originalausgabe von 1895 liegt als Nachdruck (1978) vor und bietet eine Fülle von Detailinformationen über die damaligen Geschehnisse. Weitere zeitgenössische Literatur, die mir als Quelle diente, ist in der Stadtbibliothek Saarbrücken einsehbar.

2. Die Verluste

Der Deutsch-Französische Krieg hat weniger als ein Jahr gedauert, aber enorme Verluste auf beiden Seiten gekostet. Um aufzuzeigen, welche Menschenverluste mit den Siegen der deutschen Seite verbunden waren, werden jeweils die Verlustzahlen bei den Beschreibungen der Regimentsdenkmäler genannt. Auch in diesem Reiseführer beziehen sich diese Angaben auf die Statistiken von Engel[9]. Damit soll auch hier eine einheitliche Quelle für die Verlustzahlen gegeben sein, da sich die Angaben in den diversen Publikationen und Verlustlisten sowie auf den Denkmälern häufig nicht entsprechen.

Die Preußischen Verlustlisten[10] (VL) wurden im Einzelfall hinsichtlich von Detailinformationen zu bestimmten Personen zu Rate gezogen.

---

[8] Ruppertsberg, Albert: Saarbrücker Kriegschronik. Ereignisse in u. bei Saarbrücken und St. Johann sowie am Spicherer Berg 1870, Saarbrücken 1895, Nachdruck St. Ingbert 1978

[9] Engel: Die Verluste der deutschen Armeen an Offizieren und Mannschaften im Kriege gegen Frankreich 1870 und 1871, Berlin 1872, darin: Tab. 4: Verluste in chronologischer Folge der Schlachten, Gefechte und sonstigen mit Verlust verbundenen Affairen.

[10] Verlust-Listen der Königlich Preußischen Armee und der Großherzoglich Badischen Division aus dem Feldzuge 1870-1871. Hrsg.: Königliche Geheime Oberhofbuchdruckerei, Berlin 1871, u.a. Digitalisat der ULB Düsseldorf.

3. Die Monumente

Im Rahmen mehrerer Informationsbesuche in Frankreich habe ich alle Orte selbst besucht und die aktuellen Fotos von Schlachtfeldern und Monumenten persönlich aufgenommen. Alte Ansichten stammen entweder aus meiner eigenen Sammlung zeitgenössischer Ansichtskarten, aus frei zugänglichen Internetquellen oder aus zeitgenössischer Literatur.

Für den Bereich Saarbrücken bietet die ausgezeichnete und umfassende Darstellung von Stefan Reuter in „Spurensuche Spichern"[11] von 2019 die Möglichkeit, Informationen zu allen Denkmälern und insbesondere auch allen bekannten Kriegsgräbern 1870 in und um Saarbrücken zu erhalten.

Dieser Reiseführer fokussiert sich auf die deutschen Monumente. Wer sich auch für die französischen Denkmäler interessiert, sei auf das – allerdings in französischer Sprache erschienene – hervorragende Werk „Metz 1870"[12] hingewiesen. Es hat auch für dieses Buch in weiten Teilen eine verlässliche Grundlage für die historischen Fakten der einzelnen Denkmäler und Kriegsgräber gebildet, ohne dass ich alle betreffenden Stellen mit Zitat einzeln vermerkt habe.

4. Ortsnamen

Auch in diesem Reiseführer sei eine Anmerkung zu den verwendeten Ortsnamen gestattet. Während der Zugehörigkeit zum „Reichsland Elsass-Lothringen" haben zahlreiche Orte in den beschriebenen Gegenden neben den französischen auch deutsche Namen erhalten, z.B. Stiring – Stieringen. In den Regimentsgeschichten und sonstigen älteren Veröffentlichungen werden meistens diese deutschen Namen, in heutigen Werken üblicherweise die französischen Namen benutzt. Im Rahmen dieses Buches soll außer bei Zitaten vorzugsweise die aktuelle französische Version Verwendung finden.

---

[11] Reuter, Stefan: www.spurensuche-spichern.de
[12] Hoff, Francois; Pollino, Bernard; Pochon, Francis: Metz 1870 – Les monuments commémoratifs des champs de bataille, Louviers 2009

I. DIE KRIEGERISCHEN EREIGNISSE VOM 2. BIS 14. AUGUST 1870

Zur Vorbereitung eines Besuchs der Schlachtfelder erfolgt nachstehend ein kurzer Abriss der zugrundeliegenden kriegerischen Ereignisse. Dieser wird bewusst kurzgehalten, soll aber insbesondere die deutschen Bewegungen auf Regiments- und Bataillonsebene widerspiegeln, um die Kämpfe in den einzelnen Sektoren der Schlachtfelder sowie die später zur Erinnerung an diese Kämpfe errichteten Monumente besser einordnen zu können.

I.I. Saarbrücken und Spichern 2. bis 6. August 1870

Für das Verständnis der Abläufe der Kämpfe ist es wichtig, die besondere Geländesituation bei Saarbrücken und Spichern zu verstehen, wie sie sich im August 1870 darstellte[13].

Im Gegensatz zu heute war das Stadtgebiet von Saarbrücken im Jahr 1870 weitgehend auf das linke Ufergebiet der Saar beschränkt. Die das Flusstal im Süden einengende gewellte Hügelkette – von West nach Ost: Exerzierplatz, Reppertsberg, Winterberg, davor Folsterhöhe und Galgenberg – war nur an den Nordhängen teilweise bebaut, während die südlichen Hänge unbebaut waren.

Vom Exerzierplatz fiel das Gelände nach Süden zu den Wiesen im heutigen Ehrental und nach Westen in eine Senke mit dem Deutschmühlenweiher hin ab. Hier verläuft heute wie damals die Eisenbahn von der Brücke über die Saar kommend Richtung Stiring und Forbach.

Der Reppertsberg war auf seinen rechts anschließenden südlichen Abhängen, der Lerchesflur, von Getreidefeldern und Wiesen bedeckt. An seinem östlichen Fuß verlief der Spicherer Weg, der parallel zur Metzer Straße in das den Hügeln vorgelagerte Tal verlief und von dort am Roten Berg auf die Spicherer Höhen führte.

Den östlichen Abschluss bildet der Winterberg, zugleich die höchste Erhebung der Hügelkette. Er wird durch einen tiefen Einschnitt vom Nussberg, einer Erhebung des Reppertsberges, getrennt. An seinem südöstlichen Fuß lag damals das eigenständige Dorf St. Arnual, heute Stadtteil von Saarbrücken.

---

[13]   Siehe Karte auf S. 12

Vor diesen Saarbrücker Höhen liegen – heute zu weiten Teilen überbaut – zwei weitere Hügel, Galgenberg und Folsterhöhe. Letztere fällt steil zum Gelände des heutigen Hauptfriedhofs hin ab und liegt fast auf einer Höhe mit dem Roten Berg, einem Vorsprung der Spicherer Höhen.

Diese Spicherer Höhen beschreibt Albert Ruppertsberg wie folgt[14]: „Die Spicherer Höhen bilden den Nordabfall einer durch zahlreiche Schluchten eingeschnittenen Hochebene und führen ihren Namen von dem weiter rückwärts auf der Höhe liegenden Dorfe Spichern, welches von der nördlichen Niederung aus nicht sichtbar ist. Der östliche, der Saar zunächst gelegene Teil ist mit Hochwald bedeckt und führt den Namen St. Arnualer Stiftswald; der westliche Teil desselben heißt Pfaffenwald und wird durch eine Lichtung an der Wieselsteiner Schlucht von dem aus niedrigerem Gehölz bestehenden Gifertwald[15] geschieden. Von dem westlichen Teile des Gifert-waldes springt bastionsförmig der nach Norden sich abdachende unbewaldete Rote Berg vor, der in einem steilen, felsigen Hang zur Niederung abfällt. Dicht am Ostabfall des Rotenberges führt eine steile mit großen Steinen schlecht gepflasterte Straße auf die Höhe, die im Übrigen auf der Strecke von St. Arnual bis vor Stieringen nur durch Fußpfade zugänglich ist. Der südlich von der Goldenen Bremm zwischen zwei Schluchten gelegene Bergvorsprung heißt der Forbacher Berg, der bewaldete Abhang desselben der Spicherer Wald. Diese Höhen beherrschen die große Straße von Saarbrücken nach Forbach und bilden, da das ganze ihnen nördlich vorliegende Gelände bis zu dem Thal des Drahtzugweihers eine wellenförmige, baumlose Ebene bildet, bei einer Erhebung von 80-100 Meter über der Thalsohle und einer Steigung von 30 und mehr Grad eine schier uneinnehmbare Position. Südlich von dem Drahtzugweiher und der Eisenbahn nach Metz liegt ein kleines Waldgebiet, das Habsterdick oder Stieringer Waldstück, dessen Südwestende bis dicht an die Spichern-Schönecker Straße reicht und bis zu der am Fuße der Höhen entlang ziehenden Forbacher Straße nur einen Raum von ungefähr 600 Meter Breite freiläßt. Dieser Raum verengt sich weiterhin noch mehr und wird durch die Gebäude der „de

---

[14] Ruppertsberg, Albert: a.a.O., S. 179f
[15] Heutige Schreibweise ist Giffertwald.

Wendel'schen" Eisenhütte und des Dorfes Stieringen ganz ausgefüllt, welche so einen festen Stützpunkt gegen einen nach Forbach vordringenden Feind abgeben."

Der damalige Grenzverlauf zwischen der preußischen Rheinprovinz und Frankreich entsprach dem heutigen Stand: von Schoeneck kommend schnitt sie die Metzer Straße dicht vor den Gebäuden des französischen Zolls und der Wirtschaft „Zur Goldenen Bremm" und führte dann um den Fuß des Roten Berges herum hinauf in den Stiftswald Richtung Saar.

Dies waren die Voraussetzungen für etwaige kriegerische Auseinandersetzungen im Hinblick auf das Gelände, wie sie sich den zur Grenze vorstoßenden Franzosen und der von Osten Richtung Saarbrücken marschierenden deutschen I. Armee boten. Aus taktischer Sicht war es klar, dass der Besitz der Saarbrücker Höhen für die Franzosen der Schlüssel zum Erfolg sein musste. Von hier aus bot sich freie Sicht und freies Schussfeld auf die Städte Saarbrücken und St. Johann, der Weg über die Saar nach Deutschland hinein wäre bei entschlossenem Vorgehen frei. Umgekehrt mussten die Spicherer Höhen für einen weiteren Vormarsch der I. Armee in deutsche Hände gelangen.

Das Gefecht bei Saarbrücken am 2. August 1870

Der deutsche Feldzugplan sah vor, dass die I. Armee im Rahmen der Offensive als rechter Flügel und Flankendeckung der im Zentrum vorrückenden II. Armee bis zum 3. August 1870 ihre Ausgangsstellungen auf der Linie Trier-Wadern nördlich der Saar erreichen sollte. Entgegen dieser Planung sollte es jedoch bereits am 2. August 1870 (nachdem es im Juli einige kleinere Geplänkel gegeben hatte, die sich im Sprachgebrauch unter der Bezeichnung „Kleiner Krieg" einbürgerten) zum ersten Gefecht zwischen Deutschen und Franzosen kommen, als das unmittelbar nach der französischen Kriegserklärung an die Grenze vorgeschobene französische 2. Korps[16] Frossard mit drei Divisionen Saarbrücken angriff. Hier lag bis zum 15. Juli 1870 lediglich ein kleines preußisches Kontingent des VIII. Armee-Korps unter dem Kommando des Majors von Pestel[17], Kommandeur des Rheinischen Ulanen-

---

[16] Zur Unterscheidung werden in diesem Buch die französischen Korps mit lateinischen, die deutschen mit römischen Ziffern bezeichnet

[17] Am 1. August 1870 zum Oberstleutnant befördert

Regiments Nr. 7, der außer drei Schwadronen seines Regiments noch über das Füsilier-Bataillon des 7. Rheinischen Infanterie-Regiments Nr. 69 verfügen konnte. Im Zuge der Mobilmachung wurde das F./IR 69 abgezogen, dafür traf am 17. Juli das II. Bataillon des Hohenzollernschen Füsilier-Regiments Nr. 40 zur Verstärkung ein. Anfangs waren es 500 Mann, nach dem Eintreffen der Reserven am 28. Juli standen Major v. Pestel rund 350 Ulanen und 1.000 Mann Infanterie zur Verfügung. Am 1. August waren noch Verstärkungen der 31. Infanterie-Brigade (16. ID) herangekommen, die nördlich der Saar bei Heusweiler und Rastpfuhl eine Aufnahmestellung für einen aufgrund der französischen Übermacht eventuell erforderlichen Rückzug des II./FR 40 errichteten.

Die Lage am 2. August sah wie folgt aus:

Lage am 2. August 1870

Entnommen aus: Mohr, Rudolf: Beiträge zur Vorgeschichte des Krieges 1870/71 nach den neuesten deutschen und französischen Veröffentlichungen, sowie die Vorgänge an der Saar bis zum Gefecht von Saarbrücken einschließlich. Zugleich: Ein Führer über das Gefechtsfeld des 2. August 1870, Teil I, Saarbrücken 1912

Die französischen Brigaden, die die vergangenen 14 Tage bis auf kleinere Aktionen weitgehend unbeweglich in ihren Positionen in Grenznähe verharrt hatten, waren vorgerückt und standen tief gestaffelt in breiter Front am Fuß der Saarbrücker Höhen, vom Deutschmühlenweiher im Westen bis St. Arnual im Osten (auf der vorstehenden Karte rot markiert).

Deutscherseits stand lediglich eine dünne Vorpostenkette zur Verteidigung der Höhen bereit (blau markiert): die 7./FR 40[18] auf dem Exerzierplatz und die 6./FR 40 verteilt vom Reppertsberg bis St. Arnual, später kam die 5./FR 40 zur Unterstützung über die Brücke aus St. Johann den Spicherer Weg herauf.

Natürlich konnten diese schwachen Kräfte die Stellungen gegen die um 10.30 h mit einer ganzen Division (Bataille) und vier Batterien angreifenden Franzosen nicht halten. Schon bald war der Exerzierplatz durch die Franzosen eingenommen und die deutschen Vorposten mussten sich über den Fluss zurückziehen, wobei nach Rastpfuhl vorgezogene Teilbatterien des Rheinischen Feldartillerie-Regiments Nr. 8 wertvollen Feuerschutz boten. Auf dem eroberten Exerzierplatz brachten die Franzosen mehrere Batterien, darunter auch eine Mitrailleusenbatterie, in Stellung. Der hier heute noch existierende Lulustein erinnert an den kurzen Besuch Napoleons III. mit seinem Sohn Louis (Lulu) auf dem Schlachtfeld, bei der der 15-jährige Thronfolger eine Mitrailleuse abfeuern durfte. Trotz dieser schnellen Erfolge beschränkten die Franzosen ihre Aktionen an diesem Tag neben den Infanterieangriffen gegen die Saarbrücken vorgelagerten Höhen in erster Linie auf ein mehrstündiges intensives Artilleriefeuer, das aber gegen 14.00 Uhr verebbte. Da von einem Nachsetzen der starken französischen Verbände auszugehen war, zogen sich die preußischen Truppen für die Nacht ins Biwak bei Heusweiler und Hilschbach nordwestlich von Saarbrücken zurück. Jedoch nutzten die Franzosen ihren taktischen Vorteil nicht aus, sie besetzten zwar kurzzeitig Saarbrücken, blieben aber am Südufer der Saar stehen und vergaben so jegliche Möglichkeit, ihre zahlenmäßig deutliche

---

[18] Infanterieregimenter werden mit IR, Füsilierregimenter mit FR, Grenadierregimenter mit GR abgekürzt. Römische Ziffern vor der Regimentsbezeichnung geben ein Bataillon, lateinische Ziffern eine Kompanie an, z.B. II./FR 40 bedeutet II. Bataillon des FR 40, 8./FR 40 bedeutet 8. Kompanie des FR 40. Das bei den preußischen Infanterieregimentern übliche Füsilierbataillon als III. Bataillon wird mit F./IR xx abgekürzt.

Übermacht in konkrete Erfolge umzusetzen. Die Beschießung von Zielen in Saarbrücken und St. Johann, hier insbesondere des Bahnhofs, führte zu einigen Gebäudeschäden und Bränden, in der Folge blieb es jedoch bei diesem rein symbolischen französischen Sieg in einem unbedeutenden Gefecht. Schon am nächsten Tag veranlassten eingehende Meldungen über den deutschen Sieg bei Weissenburg und den beschleunigten Anmarsch weiterer deutscher Einheiten den französischen General Frossard, seine Truppen[19] nach Forbach und auf die Spicherer Höhen zurückzunehmen und dort eine Verteidigungsstellung einzunehmen.

Die deutschen Verluste des 2. August 1870 betrugen 8 Tote, 5 Vermisste und 71 Verwundete[20], die der Franzosen gemäß General Frossard 78 Tote und Verwundete[21].

Vor der Schlacht bei Spichern[22] 3. bis 5. August 1870

In der Zwischenzeit hatten die Korps der I. Armee ihre vorgesehenen Aufmarschräume erreicht: das VII. Armee-Korps war am 3. August 1870 bei Saarburg, das VIII. Armee-Korps bei Wadern angekommen und beide rückten in der Folge weiter vor Richtung Saar, während die ebenfalls zur I. Armee gehörige 3. Kavallerie-Division die Fühlung zur weiter links operierenden II. Armee hielt.

General v. Moltke[23] hatte in seinem Feldzugsplan vorgesehen, den Franzosen mit den vereinten Kräften aller drei Armeen eine Entscheidungsschlacht zu liefern. Allerdings stand die II. Armee, die unter Prinz Friedrich Karl zahlenmäßig am stärksten und für das Zentrum der geplanten Schlacht vorgesehen war, noch weiter zurück im Raum Zweibrücken-Neunkirchen. Deshalb erhielt General v. Steinmetz am 4. August 1870 von v. Moltke der Befehl, seine I. Armee bis zum Eintreffen der II.

---

[19] Stärke insgesamt 3 Divisionen mit 24.000 Mann, 72 Geschützen, 18 Mitrailleusen. Siehe Hamm, August; Moewes, Kurt: Geschichte des 1. Westfälischen Feld-Artillerie-Regiments Nr. 7, Berlin 1891, S. 223

[20] Engel: a.a.O., S.107

[21] Schell v., A.: Die Operationen der I. Armee unter General von Steinmetz, vom Beginn des Krieges bis zur Capitulation von Metz, Berlin 1872, S. 15

[22] Spichern in deutscher, Spicheren in französischer Schreibweise.

[23] Helmuth v. Moltke (1800-1891) preuß. General (ab 1871 Generalfeldmarschall) und Chef des Generalstabs

Armee im Raum Tholey zurückzuhalten. In dieser Situation ergaben Aufklärungsritte der Kavallerie, dass die Franzosen sich aus Saarbrücken und dessen südlichem Vorland auf die Spicherer Höhen zurückgezogen hatten und Generalleutnant v. Kameke, Kommandeur der vorgezogenen 14. Infanterie-Division, erkannte den taktischen Vorteil, der sich aus einer Wiederbesetzung Saarbrückens und seiner südlichen Anhöhen ergäbe. Auf diese Weise wäre sowohl die Sicherung der Stadt gegen einen eventuellen erneuten Vorstoß der Franzosen möglich als auch ein Brückenkopf für den eigenen Vormarsch geschaffen. Wie so häufig in den Anfangstagen des Feldzugs spielte daneben auch der Drang der Einheitsführer, als erste an den Feind zu kommen, eine gewichtige Rolle. „Nur Faust, kein Kopf, und doch siegen wir", soll Bismarck dieses häufig eigenmächtige Vorgehen mancher deutschen Kompaniechefs, aber auch Kommandeure bis hoch zum Divisionskommandeur genannt haben. Mit Zustimmung von General v. Steinmetz, der sich damit klar gegen die Befehle von v. Moltke stellte, gestattete der Kommandierende General (KG) des VII. Armee-Korps, General v. Zastrow, der 14. ID[24] Vorgehen nach eigenem Ermessen. Generalleutnant v. Kameke rückte entsprechend am Morgen des 6. August 1870 weiter auf Saarbrücken zu und ließ mit seiner 27. Infanterie-Brigade (General v. Francois) als Avantgarde, bestehend aus dem Niederrheinischen Füsilier-Regiment Nr. 39 und dem 1. Hannoverschen Infanterie-Regiment Nr. 74, die Stadt und die südlichen Höhen des Exerzierplatzes und des Winterbergs besetzen.

Neben der Schwesterdivision 13. ID, die auf Völklingen vorrückte, war v. Kameke Unterstützung durch das allerdings noch weiter zurückstehende VIII. AK (General v. Goeben) zugesagt worden. Auch die II. Armee hatte am 6. August 1870 früh morgens Nachricht von der Räumung Saarbrückens durch die Franzosen erhalten und befahl den unverzüglichen Vormarsch des III. AK (General v. Alvensleben II).

---

[24] Infanteriedivision wird mit ID, Armeekorps mit AK, Armeeoberkommando mit AOK abgekürzt

Die Schlacht bei Spichern am 6. August 1870

Neben den zeitgleichen Schlachten bei Weissenburg und Wörth war die Schlacht bei Spichern die dritte der Grenzschlachten in der Anfangsphase des Deutsch-Französischen Krieges Anfang August 1870.

Auch wenn diese alle siegreich für die deutsche Seite ausgingen, waren es jedoch nur Siege auf einem lokalen Schauplatz. Die von v. Moltke angestrebte umfassende Entscheidungsschlacht der vereinten deutschen Streitkräfte wurde nicht erreicht, nicht zuletzt auch durch die eigenmächtige Entscheidung des Generals v. Steinmetz, dem tatenhungrig vorpreschenden KG der 14. ID v. Kameke die Besetzung von Saarbrücken mit anschließendem Sturm auf die Spicherer Höhen zu erlauben. Um Haaresbreite wäre diese Aktion in einem Fiasko geendet, die den gesamten deutschen Feldzug gefährdet hätte. Aber selbst der siegreiche Ausgang bedeutete für die Deutschen einen unverhältnismäßig hohen, dem Ergebnis in keiner Weise Rechnung tragenden Blutzoll. Der in der damals noch üblichen Angriffsformation in Bataillons- und Kompaniekolonnen durchgeführte Frontalangriff gegen eine gut ausgebaute und gestaffelte Verteidigungsstellung auf einem Steilhang musste zwangsläufig enorme Verluste mit sich bringen. Ganze Kompanien und Halbbataillone verbluteten am Hang des Roten Berges. Wie kaum eine andere Beschreibung kennzeichnet eine Schilderung in der Regimentsgeschichte des 1. Hannoverschen Infanterie-Regiments Nr. 74[25] diese Situation: „Als man sich dem Roten Berge näherte, bemerkte man denselben mit aufgelöster Infanterie besetzt, die keine Miene machte, vorzugehen, sodass General v. Alvensleben im Begriff stand, durch einen Offizier ihr Vorwärtsgehen herbeizuführen. Es musste ihm gesagt werden, dass diese Kämpfer ausgelitten hätten, den Heldentod bereits gestorben seien. Tieferschüttert wandte der General sich ab."

Und selbst beim Versuch, sich in den so ganz anderen Zeitgeist der damaligen Epoche zu versetzen, klingt es wie Hohn in unseren heutigen Ohren, wenn der Kommandeur des IR 74, Oberst v. Pannwitz, in seinem Gefechtsbericht schreibt:

---

[25] Zur Nedden, August: Geschichte des 1. Hannoverschen Infanterie-Regiments Nr. 74 und des vormaligen Hannoverschen 3. Infanterie-Regiments, 1813 bis 1903; Berlin, 1903, S. 92, Fußnote 3

„Für die ungewöhnlich hohen Verluste, die das Regiment zu beklagen hat, tröstet der große Erfolg in dieser heiligen Sache und die Befriedigung, dass dieses aus den jüngsten Landeskindern gebildete Regiment die Feuertaufe ehrenvoll bestanden, den freudigsten Patriotismus, Unerschrockenheit und Standhaftigkeit in allen Punkten bewahrt hat."[26]

Zum Glück sind diese Zeiten vorbei. Dieser militärgeschichtliche Reiseführer soll zwar nur beschreiben und nicht werten, aber es ist mir als Verfasser dennoch wichtig, einmal mehr auf die glücklichen Umstände zu verweisen, dass wir in einem vereinten Europa leben und solche Kriege wie 1870/71 hoffentlich für immer Geschichte sind.

Nachstehend die wesentlichen Ereignisse der Schlacht im Zeitablauf.

09.00 h

Am Morgen sollte das Vorfeld durch Schwadronen der 5. und 6. Kavallerie-Divisionen (II. Armee) aufgeklärt werden. Diese müssen sich aufgrund des starken französischen Infanteriefeuers aber bald zurückziehen.

11.30 h

Seit dem Vormittag ziehen Einheiten der Avantgarde der 14. ID durch Saarbrücken. Trotz des langen Anmarsches erhalten sie den Befehl, sofort nach vorne auf die vorgelagerten Höhen vorzugehen. Der Exerzierplatz wird besetzt, dabei aber durch heftiges Artilleriefeuer der französischen Batterien auf den Spicherer Höhen, insbesondere dem Roten Berg, eingedeckt. Die 1. leichte Batterie des Westfälischen Feldartillerie-Regiments Nr. 7[27] erwidert das Feuer. Das III./FR 39 wird entlang der Straße nach Forbach, das II./IR 74 über die Eisenbahnbrücke gegen den vermuteten linken Flügel der Franzosen bei Drahtzug (nördlich des heutigen Saarbrücker Hauptfriedhofs) sowie die beiden anderen Bataillone IR 74 an die Avantgarde heran auf das linke Saarufer vorgezogen.

Die 16. ID (General v. Barnekow) hatte den Gefechtslärm gehört und beschleunigt selbständig den Vormarsch zur Unterstützung der 14. ID.

---

[26] Ebenda, S. 117
[27] Feldartillerieregimenter werden mit FAR abgekürzt

12.00 h

Die drei anderen Batterien des FAR 7 nehmen Stellung auf dem Reppertsberg und erwidern das französische Feuer. Da die ungedeckten preußischen Stellungen aber nicht auf Dauer zu halten sind, kommt für General v. Kameke nur ein unverzüglicher Vorstoß gegen die französischen Artilleriestellungen auf den Spicherer Höhen, insbesondere dem vorspringenden und steilen Roten Berg in Frage. Um 12.00 h befiehlt er einen umfassenden Angriff der 27. Infanterie-Brigade (General v. Francois) gegen diese Höhen, unterstützt durch die 28. Infanterie-Brigade (General v. Woyna) mit dem 5. Westfälischen Infanterie-Regiment Nr. 53 und dem 2. Hannoverschen Infanterie-Regiment Nr. 77, die dazu über die Eisenbahnbrücke nachgezogen werden.

Gegen 13.30 h werden die Batterien des FAR 7 vorgezogen: die 1. leichte Batterie auf die Folsterhöhe, die drei anderen vom Reppertsberg auf den Galgenberg.

14.00 h

Aus den bisher durch die Artillerie beherrschten Gefechten entwickeln sich gegen 14.00 h die eigentlichen Kämpfe.

Rechter Flügel

Das III./FR 39 (ohne die in Reserve zurückbleibende 9. Kompanie) geht gegen den Stiringer Wald vor und wird dort in ein heftiges Waldgefecht verwickelt. Mit Hilfe zweier Kompanien des I./IR 74, die von General v. Francois als Unterstützung vom linken Flügel entsandt wurden, kann der Feind aus dem Wald geworfen werden. Weiter westlich kämpft sich das II./IR 74 über die bewaldeten Abhänge südöstlich Schöneck gegen den nördlichen Rand von Stiring durch und besetzt die Höhe der „Alten Kohlengruben", gefolgt von der Tête der 28. Infanterie-Brigade mit einigen Halbbataillonen IR 53 und IR 77. Aber weiterhin bleibt Stiring in französischer Hand und wird vehement verteidigt.

In der Mitte des Schlachtfeldes marschiert das F./IR 77 gegen die Gebäude von „Zollhaus"[28], Baraque Mouton und „Goldener Bremm" an der Chaussee, um deren Besitz heftige Kämpfe entbrennen.

Linker Flügel

Der Hauptkampf entwickelt sich auf dem linken Flügel. Ein frontaler Angriff auf den Roten Berg erscheint mit den vorhandenen Kräften aussichtslos, daher soll der Angriff über die Flanken geführt werden. Entsprechend gehen das I. und II./FR 39 (ohne 8. Kompanie) vom Winterberg aus durch das weitreichende französische Infanteriefeuer bis zur Wieselsteiner Schlucht zwischen Giffert- und Stiftswald und von dort gegen die Höhen vor. Unter hohen Verlusten gelingt der Aufstieg, am oberen Rand des Waldes aber, schon in Sichtweite der französischen Stellungen bei Spichern, bleibt der Angriff im starken Abwehrfeuer der Franzosen liegen. An ein Vordringen auf die Hochfläche ist vorerst nicht zu denken, die Füsiliere igeln sich ein und warten auf Unterstützung.

Dazu stehen im Moment nur das I./IR 74 und das F./IR 74 zur Verfügung, die durch General v. Francois persönlich durch verheerendes französisches Sperrfeuer unter großen Verlusten über die ungedeckte Niederung bis an den Fuß des Roten Berges geführt werden. Auch hier ist vorerst kein Weiterkommen. Das F./IR 74 nimmt Deckung am Fuß der steilen Felsen, zwei Kompanien des I./IR 74 werden dem rechten Flügel im Stiringer Wald zur Unterstützung geschickt (siehe oben).

15.00 h

Das Erscheinen einer weiteren französischen Division (2. Division, General Bataille) vor den Spicherer Höhen verstärkt die französischen Positionen erheblich, die Franzosen gehen an verschiedenen Stellen zum Gegenangriff über. Auf deutscher Seite erreicht der KG des VIII. AK, General v. Goeben, gegen 15.00 h das Schlachtfeld und übernimmt als ältester General die Führung der Kampfhandlungen.

---

[28] Ruppersberg nennt das Gebäude „Wirtshaus", er hält die Bezeichnung „Zollhaus" auf den Karten für unrichtig, da das französische Zollhaus sich in Stieringen (Stiring) befand. Siehe Ruppersberg, Albert: a.a.O., S. 215

Linker Flügel

General v. Francois erhält den Befehl zum Sturm auf den Roten Berg. Die Füsiliere des F./IR 74 kämpfen sich die steilen Hänge des Roten Berges hinauf, die 10., 11. und 12. Kompanie links und in der Mitte, während die 9. Kompanie den Angriff etwas weiter von Westen her versucht. Alle Kompanien haben aber extreme Verluste und bleiben vor dem mittleren Absatz des Roten Berges liegen, wo sie von den weiter oben am Höhenrand eingegrabenen Franzosen herab mit Geschossen überschüttet werden. Zur Unterstützung der Hannoveraner führt General v. Francois die gegen 15.00 h auf dem Gefechtsfeld eintreffende 9./FR 39 nach oben, aber auch dieser Vorstoß ist vergeblich. Unter den Verlusten der Angreifer befindet sich auch der von fünf Kugeln tödlich getroffene General. Bis auf geringe Teile von IR 74 und FR 39, die sich am Nordhang des Roten Berges halten können, werden die Deutschen unter hohen Verlusten bis zum Winterberg zurückgeworfen.

Rechter Flügel

Auch auf dem rechten Flügel macht sich die Überzahl der Franzosen bemerkbar: 17 französische Bataillone stehen bei Stiring gegen 8 deutsche. Die 28. Infanterie-Brigade, die zunächst Geländegewinne machen und den westlichen Dorfrand von Stiring einnehmen konnte, wird durch die hartnäckig Widerstand leistenden Franzosen zurückgeworfen.

16.00 h

Die Lage ist für die deutschen Truppen kritisch. Die Übermacht der Franzosen ist deutlich und würde die Deutschen ohne weiteres bei einem energischen und konzentrierten Gegenstoß über die Saar zurückwerfen. Letztendlich ist es dieses zögerliche Verhalten der französischen Heeresleitung, die den Deutschen immer wieder, wie hier in Spichern später auch in Vionville und Gravelotte, Erfolge gegen stärkere gegnerische Verbände erlaubt.

Schließlich treffen nach und nach die ersehnten Verstärkungen von der 16. und 5. ID (III. AK der II. Armee) ein. Zwei Batterien des FAR 8 werden zwischen die Batterien des FAR 7 vorgezogen, sodass nunmehr eine durchgehende Feuerlinie der Artillerie der I. Armee von der Folsterhöhe bis zum Galgenberg besteht, die der

Infanterie die dringend benötigte Feuerunterstützung bieten kann. Gegen 16.30 h erreicht der KG des VII. AK, General v. Zastrow, das Schlachtfeld und übernimmt als ältester General die Gesamtleitung.

Linker Flügel

Von den Verstärkungen treffen zunächst die Bataillone des FR 40 ein und werden durch General v. Goeben zur Unterstützung auf den linken Flügel beim Roten Berg und dem Giffert-Wald dirigiert. Das 5. Brandenburgische Infanterie-Regiment Nr. 48 folgt kurz darauf mit zwei Bataillonen, dann das I. und das II. Bataillon des 2. Brandenburgischen Grenadier-Regiments Nr. 12, und anschließend das F./IR 48. Diese vereinte Streitmacht kann sich unter starken Verlusten die steilen Hänge hinaufkämpfen und die dort ausharrenden, zusammengeschmolzenen Reste von IR 74 und IR 39 entsetzen. Allerdings werden die Einheiten dabei stark vermischt, eine einheitliche Führung ist nicht mehr gegeben. Dennoch gelingt es, sukzessive die Franzosen zurückzudrängen und den Höhenrand zu erreichen. Der rechte Flügel der Franzosen kann geworfen werden, jedoch bleiben das Plateau des Roten Berges und der südwestliche Bereich des Giffert-Waldes in französischer Hand.

Zentrum

Im Zentrum des Schlachtfeldes war es dem F./IR 77, unterstützt durch die 12./IR 39 und die 3./IR 74, um 16.00 h gelungen, das „Zollhaus", Baraque Mouton und die „Goldene Bremm" zu nehmen und gegen französische Gegenangriffe zu halten. Ein Versuch, von hier aus die Abhänge des Roten Berges zu ersteigen, wird von den Franzosen abgewehrt.

18.00 h

Bis 18.00 h hat die deutsche Seite insgesamt 19 Bataillone der 5., 14. und 16. ID in die Schlacht geworfen, acht Batterien – vier vom FAR 7, je zwei vom FAR 8 und Brandenburgischem Feldartillerie-Regiment Nr. 3 – mit insgesamt 48 Geschützen stehen in einer langen Linie von Drahtzug über die Folsterhöhe bis zum Spicherer Weg. Ein Einsatz der fünf Kavallerieregimenter ist aufgrund der ungünstigen Geländestruktur nicht möglich, ein Versuch des Herzoglich Braunschweigischen Husaren-Regiments Nr. 17, über den Spicherer Weg hinauf zum Roten Berg vorzustoßen, scheitert mit hohen Verlusten. Die Infanterie kann zwar weiteres Terrain gewinnen, aber für einen entscheidenden Vorstoß sind die französischen Verbände zu stark. Immerhin gelingt es, mit dem massiven Artilleriefeuer die Infanterieangriffe wirksam zu unterstützen, insbesondere als die beiden Brandenburger Batterien über steile Wege auf den Roten Berg vorgeschoben werden und die französischen Stellungen aus der Nähe unter Feuer nehmen. Mehr und mehr greifen die Regimenter des III. AK in das Geschehen ein, was nach der anfänglichen stärkemäßigen Überlegenheit der Franzosen nunmehr zu einem weitgehend ausgewogenen Kräfteverhältnis führt.

Die vorstehende Karte[29] zeigt die Lage gegen 18.00 h. Deutlich zu erkennen ist die durchgehende Feuerlinie der deutschen Artillerie auf Folsterhöhe und Galgenberg sowie die zwei Batterien des FAR 3, die auf den Roten Berg vorgeschoben werden konnten. An der „Goldenen Bremm" stehen 4. und F./IR 77 sowie Teile von 3./IR 74 sowie 12./FR 39 im Kampf um die dortigen Gebäude.

---

[29] Mohr, Rudolf, Teil II, a.a.O.

22

Linker Flügel

Das I. Bataillon des Leib-Grenadier-Regiments (1. Brandenburgisches) Nr. 8 kann sich unter hohen Verlusten den westlichen Abhang der Spicherer Höhen hinaufkämpfen und den Sattel der Höhe erobern. Von einem weiteren Vorstoß auf das Plateau wird aufgrund der starken Abwehr der Franzosen, die über gut ausgebaute Stellungen mit hervorragendem Schussfeld verfügen, Abstand genommen. Vielmehr soll nunmehr der Angriff gegen die linke Flanke und den Rücken der französischen Stellungen von der Chaussee her erfolgen. Entsprechend gehen das III./GR 12, das Brandenburgische Jäger-Bataillon Nr. 3[30] und das II./GR 8 von der „Goldenen Bremm" gegen den nordwestlichen Abhang der Spicherer Höhen, den Forbacher Berg, vor und versuchen, das Plateau zu gewinnen. Etwas später soll das 6. Brandenburgische Infanterie-Regiment Nr. 52 folgen, von dem noch sechs Kompanien gegen Stiring abgezweigt werden.

Rechter Flügel

Auf dem rechten Flügel machen sich bedeutende französische Verstärkungen bemerkbar, die mit Artillerieunterstützung die deutschen Bataillone aus den Außenbezirken von Stiring bis zur Mitte des Stiringer Waldes, teilweise bis Drahtzug zurückdrängen.

19.00 h

Rechter Flügel/Zentrum

Da der Stiringer Wald auf Befehl Generals v. Zastrow unter allen Umständen gehalten werden soll, erfolgt gegen 19.00 h unter General v. Woyna ein Gegenangriff mit dem I./IR 53 und den bei Drahtzug versammelten Resten verschiedener Regimenter der 14. ID. Unterstützt auf der linken Seite durch den Angriff des IR 52 kann der Gegner wieder aus dem Wald geworfen und später zum Rückzug aus Stiring gezwungen werden.

Verstärkt wird der Zwang zum Rückzug für die Franzosen durch den Anmarsch der 13. ID auf dem äußersten rechten deutschen Flügel bei Großrosseln. Deren

---

[30] Jägerbataillone werden als JägBatl abgekürzt

Avantgarde, bestehend aus dem 6. Westfälischen Infanterie-Regiment Nr. 55, dem Westfälischen Jäger-Bataillon Nr. 7 sowie zwei Husarenschwadronen und einer leichten Batterie, bedroht direkt die französische Rückzugslinie auf St. Avold. Dem französischen Oberbefehlshaber General Frossard bleibt daher, da auch der erhoffte Entsatz durch die bei St. Avold stehenden Divisionen des Marschall Bazaine ausbleibt, keine andere Möglichkeit als die Rücknahme seiner Truppen. Die den Rückzug deckenden Einheiten verschanzen sich auf dem Kaninchenberg, müssen sich aber gegen 20.30 h der deutschen Übermacht beugen und sich ebenfalls zurückziehen. Die zunehmende Dunkelheit verhindert eine Verfolgung durch die westfälischen Einheiten. Damit ist der Kampf auf dieser Seite des Schlachtfeldes beendet.

Linker Flügel

Zeitgleich mit dem Vorstoß bei Stiring unternehmen die Franzosen einen massiven, zunächst mit Geländegewinnen verbundenen Gegenangriff auf dem Plateau, scheitern aber letztlich am hartnäckigen Widerstand der hier am Nordrand der Höhen stehenden Abteilungen des IR 48, des I. und II./GR 12, FR 40 , IR 74 sowie FR 39. Die Umfassungsbewegung durch das III./GR 12, JgBatl 3 und II./GR 8 um den Fuß des Roten Berges herum überrascht die Franzosen und bringt ihre Flanke ins Wanken. In verlustreichen Kämpfen stürmen die Bataillone aller vor und an den Höhen stehenden deutschen Regimenter auf das Plateau und drohen die französischen Stellungen zu durchbrechen. In der zunehmenden Dunkelheit, die auch hier ein allmähliches Abflauen der Kämpfe erzwingt, ziehen sich die Franzosen gegen 19.30 h unter dem Feuerschutz ihrer Batterien zurück. Die Schlacht bei Spichern ist auch hier beendet.

Soweit die chronologische Schilderung der Kämpfe bei Saarbrücken und Spichern. Die deutschen Truppen hatten neben Weissenburg und Wörth ihren dritten Sieg in nur wenigen Tagen errungen. Aber zu welchem Preis! Die I. Armee gab ihre Verluste (gefallen, verwundet, vermisst) mit 1 General, 120 Offizieren und 2.717 Mann an[31]. Zusammen mit den Verlusten der Einheiten der II. Armee, in erster Linie der 5. ID,

---

[31]   Schell v., A.: a.a.O., S. 45

betrugen die Verluste 4.866 Köpfe[32], die der Franzosen 249 Offiziere und 3.829 Mann.

Auch wenn v. Moltke in seiner Kriegsgeschichte 1870/71[33] den Angriff der 14. ID nachträglich billigt (er schreibt „ ... wird es wenig Fälle geben, wo der taktische Sieg nicht in den strategischen Plan passt. Der Waffenerfolg wird immer dankbar accceptiert ... "), hatte v. Steinmetz eindeutig gegen den Befehl v. Moltkes verstoßen. Er hatte die Stärke des Gegners völlig unterschätzt und konnte die Schlacht nur durch das rechtzeitige Eintreffen von Einheiten der II. Armee für sich entscheiden. Hätte auf der französischen Seite General Frossard die mehrfach dringend erbetenen Verstärkungen, die nur wenige Dutzend Kilometer hinter der Front standen, von dem zögernden Marschall Bazaine erhalten, wäre der französische Sieg so gut wie sicher gewesen und der gesamte deutsche Aufmarsch ins Stocken geraten. So neigte sich am Ende das Zünglein an der Waage zugunsten der Deutschen, aber wie knapp der Ausgang der Schlacht war, verdeutlicht nicht zuletzt die (selbstkritische?) Aussage des Generals v. Kameke (14. ID) auf die Frage des Generalstabschefs des III. AK, wo die eintreffenden Verstärkungen am besten eingesetzt werden sollten: „Sagen Sie Ihrem kommandierenden General, von einem Eingreifen in die Schlacht sei keine Rede mehr; das 3. Korps muss das Gefecht von neuem anfangen."[34]

Vormarsch Richtung Metz 7. bis 14. August 1870

Der 7. August 1870 diente zunächst dazu, die bei den Kämpfen des Vortages durcheinander geratenen Einheiten zu sammeln. Kleinere Geplänkel mit versprengten Franzosen gab es bei der Besetzung von Forbach.

In der Folge wurden Kavalleriepatrouillen zur Aufklärung der französischen Rückzugsbewegungen auf den Straßen nach St. Avold und Boulay vorgeschoben. Auf der Basis der Erkundungsergebnisse vermutete das Große Hauptquartier, dass die französischen Verbände hinter die Mosel zurückgegangen seien und erließ am 8. August folgenden Befehl zum Vormarsch: „Alle drei Armeen werden dieser

---

[32] Engel (a.a.O., S.108) beziffert die deutschen Verluste ebenfalls mit 4.866 Köpfen (862 Tote, 3.632 Verwundete, 372 Vermisste)

[33] zitiert nach Zur Nedden: a.a.O., S. 114

[34] zitiert nach Ruppersberg, Albert: a.a.O., S. 192

Bewegung folgen. Die III. Armee erhält dafür die Straße Saar-Union – Dieuze und die Verbindungen südlich; die II. Armee Straße St. Avold – No'meny und südlich; die I. Armee Straße Saarlouis – Boulay – les Étangs und südlich."

Am 12. August erreichten die I. und II. Armee eine Linie von Boulay über Faulquemont nach Süden. Die Franzosen hatten zunächst eine Verteidigungsstellung entlang der Nied mit Pange im Zentrum geplant. Nachdem Kaiser Napoleon aber aufgrund des zunehmenden Drucks aus Paris den Oberbefehl an Marschall Bazaine abgetreten hatte, wollte dieser seinen ursprünglichen Plan eines Rückzugs über die Mosel bis Chalôns in die Tat umsetzen, um sich dort mit der bei Wörth geschlagenen Armee Marschall MacMahons zu vereinigen. Dieser war die III. Armee von Kronprinz Friedrich Wilhelm gefolgt, erste Kavallerieregimenter ihrer Avantgarde hatten am 13. August bei Nancy die Mosel erreicht und die Franzosen sahen die drohende Gefahr einer Umfassung ihrer Truppen von Süden her. Sie mussten den Übergang über die Mosel bei Metz daher beschleunigen.

Dort, vor Metz, hatte die I. Armee aber aus den französischen Bewegungen noch kein eindeutiges Lagebild erhalten. Einerseits deutete alles auf einen Rückzug Bazaines hin, andererseits konnte eine massive Gegenoffensive nicht ausgeschlossen werden. Der deutsche Plan sah daher ein engeres Zusammenziehen der I. und II. Armee einschließlich Nachrücken weiter hinten stehender Verbände (u.a. 3. Reserve-Division Kummer) vor, um dann Bazaine auf der Südflanke zu umfassen. Der rechte deutsche Flügel (I. AK) sollte zunächst nicht weiter vorgehen, sondern die feindlichen Bewegungen um die Festung Metz aufklären. Als sich jedoch ab dem späten Vormittag des 14. August die Meldungen über einen Abmarsch der französischen Armee Richtung Metz verstärkten, erkannte General v. d. Goltz (26. Infanterie-Brigade, 13. ID, VII. AK) die Gefahr, dass die Franzosen sich mit dem Rückzug der geplanten Umfassung entziehen könnten. Auf eigene Verantwortung befahl er um 15.30 h entgegen den Weisungen des AOK und trotz der vorgerückten Stunde den Angriff auf die abziehenden Franzosen.

Dies war der Anstoß zur Schlacht bei Colombey/Nouilly[35].

---

[35]   In Frankreich genannt „Bataille de Borny"

I.II. Die Schlacht bei Colombey/Nouilly am 14. August 1870

Die sich ab 16.00 h entwickelnde Schlacht hatte zwei Schwerpunkte: zunächst im südlich gelegenen Bereich des VII. AK das Gefecht bei Colombey[36] sowie später weiter nördlich im Bereich des I. AK bei Nouilly.

Mittels der nachstehenden Karte[37] kann man sich die Situation auf dem Schlachtfeld verdeutlichen.

Am linken Rand liegt die damals noch auf das Moseltal beschränkte Stadt und Festung Metz mit ihrem Halbkreis von vorgelagerten Forts. Gelb unterstrichen sind die drei Orte, die den Schlachten östl. von Metz die Namen gaben: Colombey, Nouilly und Noisseville. Rot unterstrichen sind die deutschen Verbände: oben das I. AK mit der 2. ID und 1. ID, südlich davon das VII. AK mit der 13. ID und der 14. ID (bestehend aus 27. und 28. Inf.-Brigade).

16.00 bis 18.00 h

Südlicher Bereich:

General v. d. Goltz hatte seinen Vorgesetzten sowie das rechts anschließende I. AK über sein Vorgehen informiert und um Unterstützung gebeten. Er setzte seine Avantgarde, bestehend aus dem 2. Westfälischen Infanterie-Regiment Nr. 15, dem

---

[36] Heute existiert nur noch die inzwischen zu Coincy gehörende Ferme de Colombey und der verwilderte Schlosspark. Das ehemalige Schloss ist zerstört.

[37] Entnommen aus: Lindner, Th.: Der Krieg gegen Frankreich 1870-71, Tafel 1, Berlin 1895 (farbige Markierungen durch Verf.)

6. Westfälischen Infanterie-Regiment Nr. 55, dem Westfälischen Jäger-Bataillon Nr. 7 sowie dem 1. Westfälischen Husaren-Regiment Nr. 8, von Ars-Laquenexy aus auf den Weiler Colombey in Marsch. Nach kurzer Gegenwehr durch die Franzosen wurde das Schloss von Aubigny sowie Colombey eingenommen. Hier versteifte sich jedoch schnell der französische Widerstand, der schon vorher zu nicht unerheblichen Verlusten unter den westfälischen Musketieren geführt hatte. Sämtliche im Abmarsch befindlichen französischen Verbände brachen den Rückzug ab und machten Front gegen die Deutschen. Schnell brachten sie den deutschen Vormarsch zum Stehen. Für die 26. Infanterie-Brigade wurde die Lage zunehmend kritisch, bis gegen 17.30 h als ersehnte Hilfe die Einheiten der 25. Infanterie-Brigade (13. ID), das 1. Westfälische Infanterie-Regiment Nr. 13 und das Hannoversche Füsilier-Regiment Nr. 73, mit Artillerieunterstützung auf dem rechten Flügel wirksam in das Geschehen eingriffen. Auf dem linken Flügel wurde die 28. Infanterie-Brigade (14. ID) herangeführt, die 27. Infanterie-Brigade (14. ID) blieb zunächst in Reserve auf Höhe des Schlosses von Aubigny. In verlustreichen Kämpfen konnten die Deutschen gegen 17.45 h die Anhöhen um Colombey nehmen und alle Gegenangriffe der Franzosen abwehren. Allerdings kamen auch die deutschen Truppen nicht weiter voran, das Gefecht kam hier erst einmal zum Stillstand.

Nördlicher Bereich:

Im nördlichen Bereich hatte General v. Manteuffel sein I. AK bereits vormittags in Erwartung eines Angriffsbefehls marschbereit machen lassen. Als ihn gegen 16.00 h die Nachricht vom Angriff der 26. Infanterie-Brigade erreichte, befahl er das sofortige Vorgehen: „den Feind energisch anzugreifen und zu werfen, sich jedoch nicht unter die Kanonen der Festung [Metz, Anm. d. Verf.] ziehen zu lassen."

Auf dem linken Flügel des I. AK fuhren zwei Batterien der 3. Infanterie-Brigade bei Montoy und Noisseville auf und unterstützten die auf den Anhöhen bei Colombey in Bedrängnis geratenen Bataillone der 26. Infanterie-Brigade. Gegen 18.00 h trafen von der 1. ID das 6. Ostpreußische Infanterie-Regiment Nr. 43 und das 1. Ostpreußische Jäger-Bataillon über Montoy kommend ein und gingen unter dem Feuerschutz der Artillerie gegen den Gasthof La Planchette und das Dorf Lauvallières vor, die unter schweren Verlusten genommen werden konnten. Aber jegliche

Versuche eines weiteren Vordringens wurden durch die starken französischen Kräfte abgewiesen.

Auf dem rechten Flügel des I. AK drang etwa zeitgleich das 7. Ostpreußische Infanterie-Regiment Nr. 44 in verlustreichen Kämpfen über Noisseville und Nouilly auf die feindlichen Höhenstellungen bei Mey vor, blieb aber ebenfalls im starken Abwehrfeuer der Franzosen liegen.

18.00 bis 21.00 h

Südlicher Bereich:

Gegen Abend traf die 28. Infanterie-Brigade mit je zwei Bataillonen des IR 53 und des IR 77 sowie dem Hannoverschen Husaren-Regiment Nr. 15 auf dem Schlachtfeld ein und ging links an den bei Colombey kämpfenden Truppen vorbei gegen das Dorf Grigy vor. Als dazu noch Unterstützung durch vorgeschickte Artillerie des XI. AK (II. Armee) kam, räumten die Franzosen diesen Bereich und zogen sich Richtung Metz zurück. Die Kämpfe im südlichen Bereich waren damit zu Ende, weitere deutsche Vorstöße wurden durch die zunehmende Dunkelheit und die Nähe der Forts von Metz verhindert.

Nördlicher Bereich:

Durch das Heranführen erheblicher Verstärkungen der Franzosen drohte inzwischen auf dem rechten deutschen Flügel eine Umfassung des IR 44 durch den Gegener, welche durch das rechtzeitige Eintreffen von zwei Bataillonen des 2. Ostpreußischen Grenadier-Regiments Nr. 3 sowie des Füsilier-Bataillons des 3. Ostpreußischen Grenadier-Regiments Nr. 4 verhindert werden konnte. Forciertes Heranführen weiterer Artillerie entschied auch an der linken Flanke des I. AK bei den Anhöhen um Colombey die Schlacht. Es dunkelte bereits, als zusammengewürfelte Teile der 2. (GR 3, IR 43) und 3. Infanterie-Brigade (GR 4, IR 44) die Franzosen in die Flucht schlugen. Einzelne Verfolgungsmaßnahmen fanden noch statt, aber die vollständig hereingebrochene Dunkelheit machte auch hier den Kämpfen ein Ende.

Gegen 20.15 h war die Schlacht von Colombey-Nouilly beendet.

Wie aus der häufigen Verwendung des Adjektivs „verlustreich" im vorstehenden Text bereits zu entnehmen, war es trotz der Kürze der Kampfhandlungen wieder zu einem hohen Blutzoll gekommen. Die deutschen Verluste beliefen sich auf 999 Tote, 3.734 Verwundete und 260 Vermisste[38], während die französischen Gesamtverluste 3.608 Köpfe[39] betrugen.

Erneut hatte eigenmächtiges Handeln auf Divisionsebene gegen die Weisungen des Großen Hauptquartiers die deutschen Truppen in eine nicht geplante Schlacht geführt. Die vorgesehene Umfassung des Feindes gelang nicht und wieder gerieten die Deutschen wie bei Spichern zeitweise in durchaus kritische Situationen. Letztendlich hatte das rechtzeitige Heranführen von Artillerie das Zünglein an der Waage gespielt. Auch wenn die Schlacht in etwa unentschieden ausging – beide Seiten reklamierten einen Sieg für sich[40] – , hatten die Deutschen immerhin einen leichten Vorteil gewonnen. Denn auch wenn die deutschen Armeen vor der starken Festung Metz mit ihren mächtigen Außenforts ihren Angriff nicht in Raumgewinn umsetzen und nur das von den Franzosen geräumte Schlachtfeld östlich von Metz behaupten konnten, hatten sie den französischen Rückzug über die Mosel empfindlich gestört und damit taktisch vorteilhaft die Voraussetzung geschaffen, wenige Tage später bei Vionville/Mars-la-Tour sowie Gravelotte/St. Privat einen entscheidenden Sieg über die Armee Bazaine zu erringen.

I.III. Ergänzung: Die Schlacht bei Noisseville am 31. August und 1. September 1870

Da sich die Schlachtfelder vom 14. August 1870 mit denen der Kämpfe vom 31. August 1870, die als die Schlacht bei Noisseville bekannt wurden, in weiten Teilen überdecken, ist es sinnvoll, im Hinblick auf einen Besuch der Schlachtfelder auch diese zweite Schlacht mit in die Besichtigungstour aufzunehmen. Daher soll an dieser

---

[38] Engel: a.a.O., S.110 (dort als Schlacht bei Courcelles-Chaussy erfasst, obwohl die eigentlichen Kampfhandlungen weiter westlich bei Colombey und Nouilly stattfanden)

[39] Schell v., A.: a.a.O., S. 84

[40] Die Franzosen nehmen den Sieg dieser von ihnen „Bataille de Borny" genannten Schlacht für sich in Anspruch. Vermutlich begründen sie dies mit den höheren Verlusten der deutschen Regimenter im Vergleich zu den französischen Kräften. Auf einer erst kürzlich aufgestellten Informationstafel am Denkmal des IR 41 (siehe Abb. 27) in Poixe steht: „Borny est considérée comme une victoire francaise" (Borny gilt als französischer Sieg, Übersetzung d. Verf.).

Stelle der Verlauf der Kämpfe des 31. August /1. September 1870 in Kürze dargestellt werden:

Nach der Schlacht von Gravelotte am 18. August 1870 hatte sich Marschall Bazaine mit seiner Armee in die Festung Metz zurückgezogen. Er hoffte hier auf Entsatz durch die in Chalôns neu aufgestellte Armee MacMahon und plante, in einem konzentrierten Ausbruchsversuch den deutschen Belagerungsring zu durchbrechen und dann MacMahon in Richtung Sedan entgegenzumarschieren. Einen ersten Ausbruchsversuch gegen die zu diesem Zeitpunkt noch schwachen Einschließungskräfte am 26. August 1870 brach Bazaine aufgrund des schlechten Wetters ab. Für die Nacht des 30. August wurde ein erneuter Ausbruch befohlen. Am frühen Morgen des nächsten Tages standen die Ausfalltruppen, rund 96.000 Mann, auf dem rechten Moselufer bereit, um über das Plateau von Ste. Barbe zur Festung Thionville durchzustoßen, die nach wie vor fest in französischer Hand war. Zunächst kam es nur zu kleineren Vorstößen, etwa bei Colombey, wo die deutschen Vorposten auf Schloss Aubigny bzw. von La Grange nach Ars-Laquenexy zurückgedrängt wurden. Ab Mittag begann der eigentliche Angriff: das 3. und leicht zurück gestaffelt das 2. Korps sollten den linken Flügel, das 4. Korps den rechten Flügel der deutschen Stellungen bei Ste. Barbe angreifen. Das 6. Korps sollte entlang der Mosel Richtung Malroy vorgehen, während die Garde als Reserve zurückgehalten wurde.

Der erste Angriff der Franzosen, unterstützt durch massive Artillerie, richtete sich gegen die 1. ID, von der die 1. Brigade mit dem Grenadier-Regiment Kronprinz (1. Ostpreußisches) Nr. 1 und dem 5. Ostpreußischen Infanterie-Regiment Nr. 41 den Raum Failly/Noisseville deckte und die 2. Infanterie-Brigade (GR 3 und IR 43) hinter Servigny in Reserve stand. Zunächst konnte der französische Angriff abgewehrt werden, aber dann mussten zuerst die durch die 2./GR 4 besetzte Brasserie (Brauerei) L'Amitié bei Noisseville und dann der Ort selbst aufgegeben werden.

Gegen Failly, verteidigt vom F./GR 1, erfolgte am frühen Abend noch ein starker französischer Angriff. Mit Unterstützung mehrerer herangezogener Landwehrbataillone konnte das Dorf gehalten werden.

Ein weiterer massiver französischer Vorstoß auf Servigny, wo Bazaine offensichtlich den Hauptstoß zum Plateau von Ste. Barbe ansetzen wollte, konnte durch das II./GR 1 und das bei Poixe in Stellung liegende IR 41 verhindert werden. Zunächst beendete der Einbruch der Dunkelheit die Kämpfe, bis ein erneuter französischer Angriff zu heftigen Nachtgefechten führte. Vorübergehend konnten die Franzosen Servigny besetzten, wurden aber durch Teile des IR 41 und des GR 3 wieder geworfen. Auf der Gegenseite verlief ein deutscher Nachtangriff auf Noisseville ähnlich: zunächst konnte der Ort genommen werden, musste dann aber ebenso wie das Dorf Flanville aufgegeben werden.

Weiter südlich hatte das IR 44 versucht, die Franzosen aus Colombey zu drängen, musste sich aber unter Aufgabe von Coincy und des Schlosses Aubigny nach Marsilly zurückziehen. Ein weiterer Angriff der Franzosen auf dieses Dorf konnte zurückgeschlagen werden, dann verstummte auch hier bei Anbruch der Dunkelheit das Gefecht.

Noch am Abend trafen die ersten deutschen Verstärkungen des IX. AK vom linken Moselufer ein: zunächst Teile der Großherzoglich Hessischen (25.) Division, die in Ste. Barbe Stellung bezogen, und die nachts nachfolgende 18. ID, die das rechte Moselufer nach Norden abriegelte.

Aus taktischer Sicht war der Besitz von Noisseville für den Vorstoß auf das Plateau von Ste. Barbe entscheidend. Beiden Seiten musste daran gelegen sein, diesen Ort zu erobern bzw. zu halten. Die Deutschen mussten zudem ihren bis hinter Flanville zurückgeworfenen linken Flügel der 1. ID sichern. Daher erfolgte am frühen Morgen des 1. September bei dichtem Nebel ein massiver Angriff des I. AK auf Dorf und Brauerei Noisseville. Artillerie schoss das Dorf in Brand, in heftigem Häuserkampf konnten IR 43 und GR 1 in die Straßen eindringen, wurden aber von den französischen Verteidigern wieder hinausgedrängt und zogen sich zunächst zurück.

Inzwischen gelang es der 36. Infanterie-Brigade der 18. ID, von Norden her vorzustoßen und den französischen Druck auf Failly und die deutsche rechte Flanke zu beenden. Bei Noisseville zog das I. AK nunmehr sämtliche verfügbaren Geschütze zusammen und belegte Dorf und Brauerei aus 114 Rohren mit Dauerfeuer, das die französische Artillerie vollständig vernichtete. Wie so häufig in diesem Krieg entschied auch hier die Überlegenheit der deutschen Artillerie die Schlacht. Diesem schweren Beschuss vermochten die französischen Truppen nichts mehr entgegenzusetzen. Bazaine sah die Ausweglosigkeit eines weiteren Angriffs ein und ließ alle eroberten Positionen räumen und die Truppen zurück ins Moseltal unter den Schutz der Festungswerke von Metz zurückgehen. Die Schlacht bei Noisseville war beendet.

Die Verluste der deutschen Seite beliefen sich auf 617 Tote, 2.102 Verwundete und 271 Vermisste, insgesamt 2.990 Köpfe[41], die der Franzosen auf rund 3.500[42].

- Ende der Ergänzung -

II.   DIE SCHLACHTFELDER HEUTE

II.I. Saarbrücken und Spichern

Bereits 1877 erschien der erste Reiseführer[43] für die Schlachtfelder bei Saarbrücken und Spichern, um dem sich rasch entwickelnden Schlachtfeldtourismus die nötigen Wegebeschreibungen zu liefern. Interessenten finden in der Saarbrücker Stadtbibliothek die Möglichkeit zum Einblick in eine ganze Reihe solcher Führer, die bis zum Ausbruch des 1. Weltkriegs erschienen waren.

Seitdem hat sich die Landschaft der Schauplätze vom 2. bis 6. August 1870 natürlich vollständig verändert. Im Gegensatz zu anderen Schlachtfeldern des Krieges 1870/71, z.B. im Nordelsass bei Weissenburg und Wörth oder in Lothringen bei Vionville und Gravelotte, sind die Stätten der Kämpfe vom 2. August 1870 in und um Saarbrücken heute vollständig überbaut und Stadtteile der Großstadt Saarbrücken geworden. Vergeblich versucht man, im Häusergewirr einen Punkt zu finden, von dem aus man das damals freie Schlachtfeld überschauen kann. Allenfalls von der Autobahn ist es möglich, einen schnellen Blick auf das hügelige Gelände zu werfen. Folsterhöhe, Bellevue oder Galgenberg bemerkt man in erster Linie am Auf und Ab der Metzer Straße, wenn man durch Alt-Saarbrücken fährt.

---

[41]   Engel: a.a.O., S. 119

[42]   Scheibert, J.: Der Krieg zwischen Frankreich und Deutschland in den Jahren 1870/71, 90. bis 100. Tausend, Berlin 1895, S. 159

[43]   Lattorff v., Arthur: Denkmäler und Erinnerungszeichen auf den Schlachtfeldern bei Saarbrücken, St. Johann-Saarbrücken 1877

Die Spicherer Höhen sind heute im Gegensatz zu damals weitgehend bewaldet und die freie Sicht der französischen Artilleristen von dort auf die Saarbrücker Höhen kann man nur noch ahnen, wenn man versucht, durch die hohen Bäume hinüber zum Winterberg mit seinem markanten Klinikum zu spähen.

Einzigartig am Saarbrücker Schlachtfeld ist aber, dass sich trotz der Überbauung und diverser Umbettungsmaßnahmen nach wie vor im heutigen Stadtgebiet zahlreiche Kriegsgräber und Monumente erhalten haben. Ursprünglich waren es nach den Angaben von Lattorff 233 Einzel-, Sammel- und Massengräber[44] sowie vier Denkmäler, die er 1877, also nur wenige Jahre nach der Schlacht, für die Erstellung seines Fremdenführers auflistete, allerdings inkl. der Spicherer Höhen. Die meisten Einzelgräber wurden im Zeitraum 1892 bis 1894 in zentrale Massengräber und Kriegsgräberstätten umgebettet, aber dennoch haben zahlreiche Gräber, unbeachtet von der breiten Öffentlichkeit, innerhalb des Stadtgebiets in Parks, am Straßenrand oder abseits im Gelände die Zeit überstanden, oft stark verwittert, manche aber auch in erstaunlich gutem Zustand.

Die schon in der Einleitung erwähnte, sehr bemerkenswerte Veröffentlichung www.spurensuche-spichern.de von Stefan Reuter bietet einen umfassenden Überblick über alle bekannten noch vorhandenen Relikte der damaligen Kämpfe. Für die Zwecke dieses militärhistorischen Reiseführers ist jedoch eine Beschränkung auf die wesentlichen Denkmäler und Kriegsgräber sinnvoll, die an den entscheidenden Stellen der damaligen Kämpfe errichtet bzw. angelegt wurden. Im Rahmen einer Rundfahrt kann so dem interessierten Leser ein Eindruck der damaligen Geschehnisse vermittelt werden. Dabei sollen für das Stadtgebiet Saarbrücken folgende Orte besucht werden:

- Winterberg
- Alter Exerzierplatz mit dem Lulustein
- Ehrental
- Folsterhöhe

---

[44] Im vorliegenden Text wird der Begriff „Massengrab" verwendet, wenn keine Angaben über die exakte Anzahl der hier Bestatteten vorliegen. Sind Anzahl und insbesondere Namen bekannt, wird von einem „Sammelgrab" gesprochen. Andere Autoren verwenden hierfür auch den Begriff „Kameradengrab".

- Hauptfriedhof

Wir beginnen unsere Besichtigung auf dem **Winterberg**, der östlichen der Saarbrücker Höhen. Diese wird heute von dem mächtigen Saarbrücker Klinikum beherrscht (zum Parken bietet sich ein Parkhaus an, falls der Parkplatz belegt ist). 1870 war diese Kuppe wie die anderen der Saarbrücker Höhen weitgehend unbewaldet. Hier wurde 1874 das **Winterbergdenkmal (Abb. 1)** eingeweiht, ein ca. 20 m hoher Turm, von dem ein weiter Blick über das Schlachtfeld möglich war. Am 2. August 1870 wurde das Plateau von Teilen der 6./FR 40 verteidigt, die sich aber nach kurzer Zeit mit Verlusten von 46 Mann (tot, verwundet, gefangen)[45] vor der französischen Übermacht zurückziehen mussten.

Das in der Nähe der Ruine des Denkmals erhaltene **Grab des Füsiliers Zenner** von der 6./FR 40 erinnert an diese Kämpfe und ist ein gutes Beispiel für die zahlreichen innerhalb des Stadtgebietes verstreut liegenden Grabstätten 1870.

Vier Tage später, am 6. August 1870, gingen vom Winterberg aus das I. und II./IR 39 gegen den Giffertwald vor.

Da die heutige Bebauung von Saarbrücken keinen freien Blick mehr vom Winterberg auf das Schlachtfeld von Anfang August 1870 zulässt, soll das nachstehende Foto (siehe übernächste Seite), aufgenommen Anfang des 20. Jhds. auf dem Reppertsberg, zumindest eine Vorstellung geben, welchen Ausblick die deutschen Füsiliere vom – allerdings höheren – Winterberg auf die französischen Stellungen auf den Spicherer Höhen hatten.

---

[45] Ruppertsberg, Albert: a.a.O., S. 109

Tafel 1   Saarbrücken

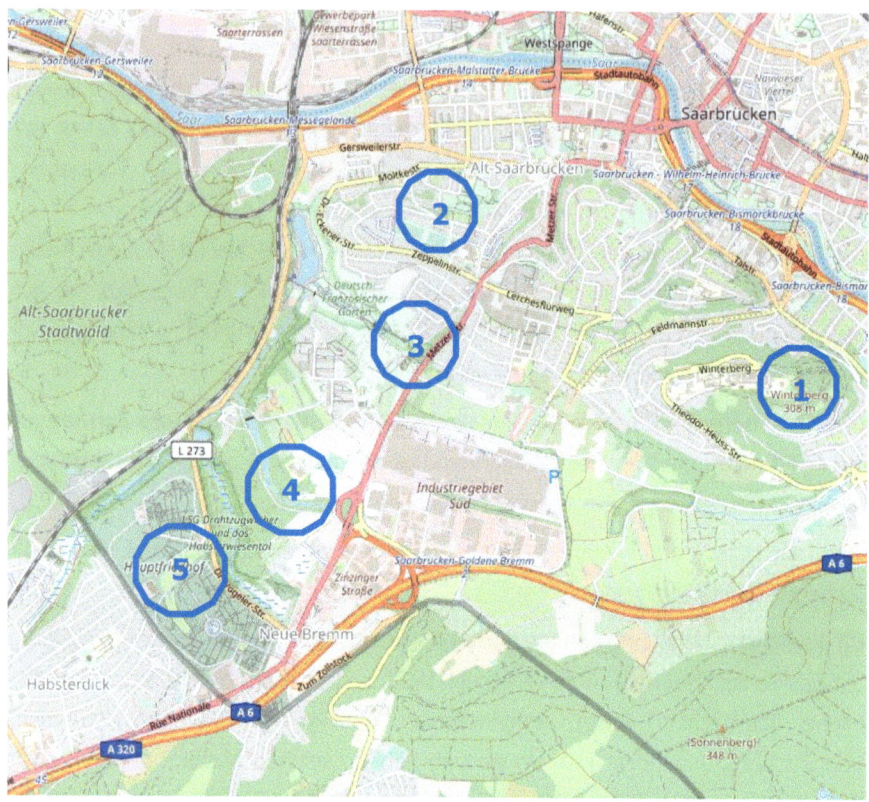

Tafel 1: Monumente in Saarbrücken (Die Nummern korrespondieren mit den Nummern der detaillierten Beschreibungen im III. Teil).
Quelle: Open Street Map, eigene Bearbeitung

1. Gifert-Wald. 2. Straße Saarbrücken—Spicheren. 3. Rother Berg. 4. Wirtshaus auf R. B. 5. Denkmal des Regts. 6. Nordwestabhang. 7. Galgen-Berg.

Blick vom Repperts-Berg auf Rothen-Berg—Gifert-Wald.
(Kampfplatz des I. u. II./39.)

Das Foto wurde vom etwas weiter westlich des Winterberg liegenden Reppertsberg aufgenommen und stammt aus: Rintelen: Geschichte des Niederrheinischen Füsilier-Regiments Nr. 39, Berlin 1911.

Zur besseren Lesbarkeit sei die Legende der genannten Orte hier wiederholt:

1. Gifert-Wald, 2. Straße Saarbrücken-Spicheren, 3. Rother Berg, 4. Wirtshaus auf R. B., 5. Denkmal des Regts., 6. Nordwestabhang, 7. Galgen-Berg

Das nächste Ziel liegt auf der westlichen Anhöhe der Saarbrücker Höhen, dem alten Exerzierplatz. Der **Lulustein (Abb. 2)**, Navi-Eingabe Lulustein 13, ist an sich nicht spektakulär. Interessanter ist die dahinter liegende Geschichte. In der Saarbrücker Kriegschronik[46] wird der Angriff der Franzosen (Division Bataille) vom 2. August 1870 auf die Anhöhe beschrieben: „Das ganze Thal ist erfüllt mit französischen Truppen, die vom Spicherer Berge und von Stieringen aus wie auf dem Exerzierplatz vorrücken. Voraus ziehen dichte Schützenlinien, Mann an Mann; dahinter Kompanien in zwei Gliedern, dann geschlossene Bataillone mit funkelnden Adlern; die Waffen

---

[46] Diese und die folgenden Zitate aus Ruppertsberg, A.: a.a.O. 89 ff

blitzen im Sonnenschein, die Tambours schlagen, die Regimentsmusiken spielen, auf den Höhen ist feindliche Artillerie aufgefahren, indes immer neue Massen aus dem Walde heraustreten."

Nach Einnahme des Exerzierplatzes ließ der französische General Bataille fünf Batterien, darunter eine Mitrailleusenbatterie, auf der Anhöhe abprotzen und die „zu seinen Füßen liegenden Saarstädte beschießen". Gegen Mittag erschien der aus Metz anreisende französische Kaiser auf dem Schlachtfeld. „Jetzt stehen sie am Nordrand des Exerzierplatzes und schauen in das Thal hinab, wo die Wohnungen fleißiger Menschen sich drängen ...". Verschiedene deutsche und französische Publikationen beschreiben, dass Napoleon III. bei diesem Besuch seiner Truppen auf dem besetzten Höhenzug seinen ihn begleitenden Sohn Lulu (= Louis) eine Mitrailleuse Richtung des auf dem anderen Saarufer liegenden St. Johann abfeuern ließ.

Die Sicht, die die französischen Kanoniere auf die tieferliegenden Stadtviertel damals hatten, ist heute nicht mehr gegeben. Es fällt schwer, sich vorzustellen, dass diese Anhöhe einst nur auf der Nordseite spärlich bebaut war und die Franzosen, die nach dem Rückzug der Vorposten des FR 40 hier ihre Artillerie in Stellung brachten, freies Schussfeld auf Saarbrücken und St. Johann hatten. Dichte Wohnbebauung versperrt jetzt jeglichen Blick.

Auch nach Süden fällt der ehemalige Exerzierplatz heute aufgrund der seit 1870 erfolgten Ausdehnung der Stadtgrenzen nicht mehr ohne weiteres als eine das Vorfeld beherrschende Anhöhe auf. Direkt hinter dem Lulustein liegen Schulgebäude und großflächige Sportanlagen. So ist außer dem Lulustein nichts mehr von diesem Teil des Schlachtfeldes zu erkennen.

Nur ein Stück auf der Metzer Straße den Abhang des Exerzierplatzes hinunter erreicht man in der Senke den Deutsch-Französischen Garten mit dem **Ehrental (Abb. 3)**. Parken Sie auf dem Parkplatz und gehen Sie durch den Rosengarten nach halbrechts zu dieser ältesten Kriegsgräberstätte Deutschlands. Die Atmosphäre der Anlage mit mehr als sechzig Grabstätten unter den hohen Bäumen ist beeindruckend. Hervorzuheben ist zum einen das **Grab von General Bruno von Francois**, dem Kommandeur der 27. Infanterie-Brigade. Den Gedenkstein an der

Stelle seiner tödlichen Verwundung am Roten Berg werden Sie beim Rundgang über die Spicherer Höhen sehen. Zum anderen ist hier auch **Katharine Weißgerber** bestattet, die sich am 6. August 1870 in selbstloser Weise um Verwundete und Sterbende beider Nationen gekümmert hatte und daher hier als Zivilistin eine Grabstelle erhielt. Am östlichen Ende der Kriegsgräberstätte steht der hohe Obelisk des **Denkmals des 5. Westfälischen Infanterie-Regiments Nr. 53**, das am 6. August 1870 auf dem rechten deutschen Flügel an den Eisenbahngleisen entlang gegen Stiring vorging. Wenn Sie durch den Park weiter zum Deutschmühlenweiher gehen, sehen Sie auf der anderen Seite des Gewässers die Spielbank von Saarbrücken. Dahinter verlaufen die Eisenbahngleise Richtung Stiring und Forbach.

Danach führt die Rundfahrt weiter zur **Folsterhöhe (Abb. 4)**, (Navi-Eingabe Heidenhübel 1), einer weiteren Erhebung im südlichen Vorland der damaligen Stadt.

Von der Metzer Straße geht es rechts ab in die Straße Hirtenwies. Schon beim Abbiegen sehen Sie auf der linken Seite der Straße eine Rabatte, aus der ein gusseisernes Kreuz aus dem Dauergrün emporragt, das auf das **Einzelgrab des Unteroffiziers August Heubes vom Westfälischen Feldartillerie-Regiment Nr. 7** hinweist, ein weiteres Beispiel der noch vorhandenen Einzelgräber 1870 im Stadtgebiet von Saarbrücken. Hier auf der Folsterhöhe ging das FAR 7 in Stellung, um später zusammen mit den Batterien des FAR 8 eine bis zum etwas östlich liegenden Galgenberg (heute Industriegebiet) durchgehende, höchst wirksame Feuerlinie zur Beschießung der französischen Stellungen auf den Spicherer Höhen zu errichten.

Der Weg führt in die schmale Straße Hirtenwies hinein bis zur Grundschule Folsterhöhe. Hinter der Schule befindet sich der **Gedenkstein für die Gefallenen des FAR 7**. Auch hier kann der Ausblick, den die westfälischen Kanoniere hatten, nicht mehr nachvollzogen werden. Hohe Bäume versperren jegliche Sicht auf die Spicherer Höhen. Wenige Schritte entfernt steht ein weiterer Gedenkstein, gemeinhin **Klaiber-Stein** genannt, zur Erinnerung an den hier auf einem Patrouillenritt bereits am 28. Juli 1870 gefallenen Ulan Sebastian Klaiber vom Rheinischen Ulanen-Regiment Nr. 7, den vermutlich ersten deutschen Gefallenen des Kriegsschauplatzes bei Saarbrücken.

Kehren Sie zur Metzer Straße zurück und fahren Sie hinunter bis zum Haupteingang des **Hauptfriedhofs Saarbrücken (Abb. 5)** in der Dr. Vogeler-Straße. Auf dem Gelände und im unmittelbaren Umfeld dieses in weiten Teilen denkmalgeschützten Friedhofs, errichtet 1919 als Ehrenfriedhof für die Gefallenen des 1. Weltkriegs, liegen mehrere Gräber von Gefallenen des 6. August 1870 in Streulage. Im Rahmen dieser Rundfahrt beschränken wir uns auf das **Denkmal des 2. Hannoverschen Infanterie-Regiments Nr. 77** sowie **zwei Massengräber.**

Direkt hinter dem heutigen Haupteingang wenden Sie sich nach links. Schon nach wenigen Metern deutet auf der rechten Seite des Weges ein typisches gusseisernes Kreuz auf ein Grab für Gefallene des Krieges 1870/71 hin. Nähere Angaben zu den hier Bestatteten sind leider unbekannt. Das Denkmal des IR 77 finden Sie, indem Sie dem Weg folgen und über Treppenstufen die Anhöhe ersteigen. Oben steht am halbrunden Ende des „Hippodrom" genannten langgestreckten Feldes in der Sichtachse zum großen Rondell die hohe Säule des Denkmals. Es stand ursprünglich einige hundert Meter entfernt am Stiringer Wald, der aber nach dem Friedensschluss 1918 wieder zu Frankreich gehörte. Deshalb wurde das Denkmal 1927 an seine jetzige Stelle umgesetzt.

Ein Massengrab für Gefallene dieses Regiments liegt etwa 150 m westlich des Denkmals am Rand des Gräberfeldes 53. Da hier ganz in der Nähe die Landesgrenze entlang des westlichen Rands des weiträumigen Friedhofgeländes verläuft, wird Ihnen sicherlich aufgefallen sein, dass Ihr Mobiltelefon auf dem Friedhof auch auf das französische Telefonnetz hinweist.

Über die Landesgrenze hinweg geht es jetzt, da die Rundfahrt im Saarbrücker Stadtgebiet mit dem Besuch des Hauptfriedhofs beendet ist, zur nächsten Etappe hinauf auf die Spicherer Höhen.

Wie auf dem vorstehenden Ausschnitt einer alten Ansichtskarte aus der Zeit vor dem 1. Weltkrieg zu ersehen ist, sieht der Rote Berg aus der Entfernung fast harmlos aus. Das Vorfeld steigt allmählich an, um dann in den rund 50 m hohen Steilhang überzugehen. Links im Bild ist im Hintergrund der Giffertwald zu erkennen (zu erahnen davor das Denkmal des GR 12) und der Spicherer Weg, der an der Ostflanke des Roten Berges auf die Höhe führt.

Auf der nachstehenden Ansicht aus etwas weiter westlicher Richtung auf den Roten Berg ist die obere Hangkante klar zu erkennen, sie wird markiert durch den schlanken Obelisken des Denkmals des IR 77. Dahinter steigt das kahle Gelände nochmals in Stufen leicht an, bis es beim Gasthaus Woll das obere Plateau erreicht. Auf diesem Kartenausschnitt sind deutlich die Denkmäler des IR 48, IR 77, FR 40 und FR 39 (von links) zu identifizieren.

Zu sehen ist auch der – zur Zeit der Kämpfe im August 1870 noch nicht vorhandene – Weg an der westlichen Hangkante, die heutige Straße D32C, die auf die Anhöhe führt. Sie erreichen diese, indem Sie vom Hauptfriedhof kommend die Metzer Straße

wenige hundert Meter südwärts fahren und dann links in die Straße „Zum Zollstock"
einbiegen. Hinweisschilder zeigen den Weg auf die Spicherer Höhen an. Die Straße
führt als L273 bis zur Rechtskurve, wo die Landesgrenze verläuft und geht dann als
D32C auf französischem Gebiet weiter. Fahren Sie auf der Anhöhe zunächst am
großen Parkplatz am Spicherndenkmal vorbei bis zum Ortseingang von Spicheren.

Hier befindet sich ein kleiner, vom Volksbund Deutsche Kriegsgräberfürsorge e.V.
betreuter **deutsch-französischer Soldatenfriedhof (Abb. 6)**, in dem über
tausend Gefallene beider Nationen ihre letzte Ruhestätte gefunden haben.

Es geht zurück auf der Rue des Hauteurs zum Parkplatz am Restaurant Woll. Hier
„beim Woll" beginnen wir mit dem Rundgang über das Spicherer Schlachtfeld. Links
ragt das hohe Kreuz des 1934 auf Anregung des Souvenir Francais errichteten
Denkmals zur Erinnerung an die französischen Gefallenen vom 6. August 1870
empor. Dass es rund 50 Jahre nach der Schlacht und insbesondere nach den
Schrecknissen des 1. Weltkriegs errichtet wurde, spiegelt sich in seiner schlichten
Form wider. Ein deutlicher Gegensatz zu den deutschen Regimentsdenkmälern, die
allerdings einer anderen Epoche entstammen. Ein Wegweiser am Straßenrand
wenige Meter hinter der Einfahrt zum Parkplatz zeigt neben dem Rundweg zu den
deutschen Denkmälern 1870 auch die Standorte weiterer Kriegsgräber 1870 in der
näheren Umgebung sowie anderer militärhistorischer Relikte aus dem 2. Weltkrieg
auf.

Rund 100 m nach dem Gasthaus stehen die beiden ersten Regimentsdenkmäler:
rechts des Weges das über eine Treppe zu erreichende **Denkmal des
Hohenzollerschen Füsilier-Regiments Nr. 40 (Abb. 7)**. Ein Gedenkstein
neueren Datums (1993) benennt den Weg nach dem bei den Kämpfen gefallenen
Kommandeur der 27. Infanterie-Brigade, General v. Francois. Gegenüber auf der
anderen Seite des Weges ragt die schlanke Säule des **Denkmals des
Niederrheinischen Füsilier-Regiments Nr. 39 (Abb. 8)** empor. In diesem
Bereich lag am 6. August 1870 die oberste der französischen
Verteidigungsstellungen auf dem Roten Berg. Von hier aus fällt das Gelände mit
einer Abstufung bis zur Hangkante hin ab. Der Weg führt weiter unter Bäumen am
Gedenkstein für den französischen Hauptmann de Beurmann vorbei.

Tafel 2   Spicherer Höhen

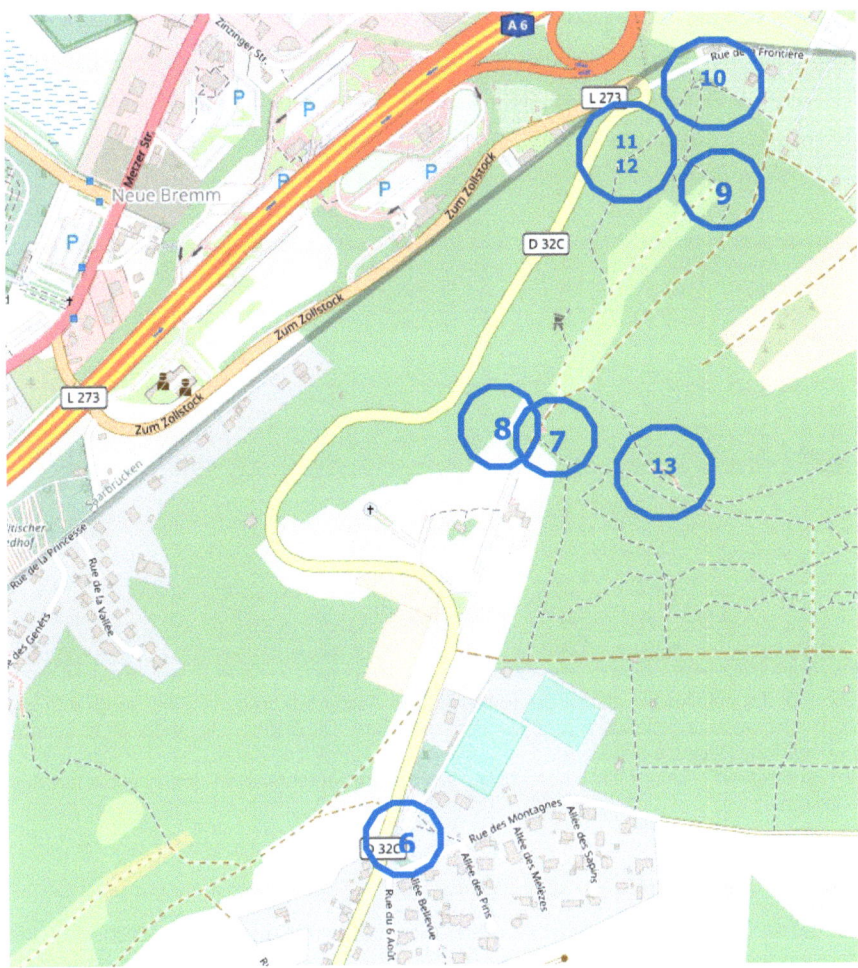

Tafel 2: Monumente auf den Spicherer Höhen (Die Nummern korrespondieren mit den Nummern der detaillierten Beschreibungen im III. Teil).
Quelle: Open Street Map, eigene Bearbeitung

Dann öffnet sich die Freifläche, die allerdings im Gegensatz zum August 1870 jetzt auf beiden Seiten durch Wald eingefasst ist.

Hier teilt sich der Weg. Während er rechts dem ehemaligen Spicherer Weg ins Tal folgt, führt der Pfad nach links über die Freifläche hinunter zu den deutschen Denkmälern. Am Ende rechts steht das **Denkmal des 5. Brandenburgischen Infanterie-Regiments Nr. 48 (Abb. 9)**. Leider ist hier von der Hangkante aus die Sicht auf die Saarbrücker Höhenzüge durch hohe Bäume versperrt.

Blick auf das abfallende Gelände des Roten Berges. Auch nach Eroberung der Hangkante lag noch eine weite ungedeckte Fläche vor den Angreifern. Die Bodenwelle in der Mitte konnte nur spärliche Deckung bieten.
Im Hintergrund rechts, halb verdeckt, der Winterberg, erkennbar an den Hochbauten des Klinikums.

Gehen Sie dann links an der Hangkante weiter, bis Sie einen schmalen Pfad sehen, der den Steilhang hinabführt. Sofern Sie gut zu Fuß sind, sollten Sie ihn hinuntergehen, damit Sie eine Vorstellung davon bekommen, was es für die Musketiere und Füsiliere der deutschen Regimenter bedeutete, diesen Hang im starken Abwehrfeuer zu erklimmen (alternativ können Sie auf der Rückfahrt in der Kurve der D32C in die Rue de la Frontière abbiegen und dort parken und die wenigen Schritte gehen). Unten stoßen Sie auf den Eingang zur **Kriegsgräberstätte Roter Berg (Abb. 10)**, auf dem über 70 Gefallene des F./IR 74 ruhen.

Wenn Sie jetzt auf dem Pfad den Steilhang zurück zur Hangkante emporsteigen, können sie sich sicherlich in die damalige Situation zurückversetzen, wobei zu bedenken ist, dass es keine schützenden Bäume gab.

Die Fotos verdeutlichen die Geländesituation beim Sturm auf den Roten Berg.
Linkes Bild: Pfad hinab zur Kriegsgräberstätte Roter Berg
Oberes Bild: Blick von unten den Steilhang hinauf

Oben angekommen, sehen Sie rechter Hand das **Denkmal des 1. Hannoverschen Infanterie-Regiments Nr. 74 (Abb. 11)** und wenige Schritte davon entfernt den **Gedenkstein für General v. Francois (Abb. 12)**, der hier tödlich verwundet wurde.
Über die Freifläche geht es hangaufwärts zurück.

Blick vom unteren Teil des Geländes hangaufwärts

Biegen Sie oben nach links in den ehemaligen Spicherer Weg (heute Rue des Hauteurs) ein und gleich darauf nach rechts in den Pfad zum **Denkmal des 2.**

Brandenburgischen Grenadier-Regiments Nr. 12 (Abb. 13). Hier in der Schlucht zwischen Giffertwald und Rotem Berg hatten sich das I. und II. Bataillon des GR 12 bis zur Hangkante vorgekämpft.

Rechts im Bogen oder denselben Weg zurück erreichen Sie den Parkplatz beim Gasthaus Woll. Damit ist das Ende der Rundfahrt Saarbrücken-Spichern erreicht.

II.II. Colombey/Nouilly/Noisseville

Wie weiter vorne dargestellt, decken sich die Schlachtfelder des 14. August 1870 (Schlacht bei Colombey/Nouilly) und des 31. August 1870 (Schlacht bei Noisseville) in weiten Bereichen. Daher wird die nachstehende Beschreibung sich auf beide Schlachten beziehen.

Die Schlachtfelder von Colombey, Nouilly und Noisseville lassen sich am schnellsten über die Autobahn von Saarbrücken her erreichen. Diese ist mautpflichtig (franz.: péage), allerdings kostet die Strecke nur wenige Euro. Der nachstehende Tourenvorschlag basiert auf dieser Anfahrt. Somit lässt sich die Besichtigung gut an einem Tag durchführen. Wer allerdings den Weg der deutschen Truppen nach Metz nachvollziehen will und über entsprechend Zeit verfügt (eine Übernachtung in Metz ist auf jeden Fall lohnend), fährt auf den Landstraßen über St. Avold mit der sehenswerten amerikanischen Kriegsgräberstätte des 2. Weltkriegs (Lorraine American Cemetery and Memorial) und die D603 über Courcelles-Chaussy Richtung Metz.

Bei der Besichtigung der Schauplätze der Kämpfe vom August 1870 ist zu berücksichtigen, dass die Festung Metz nach Kriegsende 1871 eine große Bedeutung in der deutschen Militärstrategie erhielt und schon bald weitgehende Fortifikations-maßnahmen durchgeführt wurden. Auch für das östliche Vorland wurde ab 1906 der Bau eines Rings neuer Infanteriewerke geplant. Einige, wie z.B. bei Colombey oder weiter nördlich bei Villers-l'Orme kamen über das Projektstadium nicht hinaus. Tatsächlich errichtet wurden das Infanteriewerk Belle-Croix westlich von Lauvallières sowie das Infanteriewerk Mey zwischen Mey und Nouilly. Gerade hier im Terrain um Mey befanden sich zahlreiche Einzel- und Massengräber aus den Augustkämpfen 1870. 34 dieser Gräber, hauptsächlich französischer, aber auch rund 20 deutscher

Gefallener mussten dem Infanteriewerk weichen und wurden ab 1907 umgebettet in eine gemeinsame Kriegsgräberstätte nördlich von Mey (siehe Abb. 26). Im Bereich von Colombey waren umfangreiche Umbettungsmaßnahmen bereits in der 1890-er Jahren erfolgt.

Heute präsentiert sich das damalige Schlachtfeld östlich von Metz zweigeteilt. Zum einen hat sich die Stadt Metz inzwischen weit nach Osten bis an Colombey heran ausgedehnt mit entsprechender Zersiedelung der Landschaft. Borny, nach dem die Franzosen die Schlacht vom 14. August 1870 benannt haben, ist heute ein von Schnellstraßen und Gewerbeansiedlungen durchzogener Vorort von Metz[47], an dem nichts mehr an Zeiten von 1870 erinnert. Im uns aus deutscher Sicht in erster Linie interessierenden Terrain um Colombey und Aubigny sowie um Nouilly und Noisseville sind zwar auch zahlreiche Neubaugebiete (z.B. La Planchette) entstanden, aber noch kann der eher ländliche Charakter ausreichende Eindrücke der Geschehnisse vom August 1870 vermitteln. Allerdings hat sich auch hier die Landschaft im Vergleich zu 1870 stark verändert. Ist in den Schlachtenbeschreibungen in den diversen Regimentsgeschichten noch vielfach von Weingärten die Rede, wird die Landschaft heute von großflächigen Feldern und Weiden dominiert. Weinbau spielt hier keine Rolle mehr. Moderne Straßen und Autobahnen erleichtern einerseits den Besuch der Schlachtfelder, andererseits fallen die in den Schlachtenberichten erwähnten Abhänge, Höhen und Schluchten, die den Infanterie- und Artillerieregimentern das Vorwärtskommen noch schwer gemacht hatten, aufgrund der bequemen, asphaltierten Trassen gar nicht mehr auf.

Die nachstehend vorgeschlagene Besichtigungsfahrt versucht, die damaligen Schlachtfelder in dieser modernen Umgebung dem interessierten Leser wieder sichtbar zu machen. Sie beginnt in Ars-Laquenexy, von wo aus die Schlacht vom 14. August 1870 ihren Ausgang nahm, und führt in weitem Bogen vom südlichen Bereich bis zum Endpunkt bei Servigny und Ste. Barbe im Norden.

---

[47] In Borny stand ein zentrales französisches Denkmal aus dem Jahr 1872, das zusammen mit der dazugehörigen Kriegsgräberstätte der Ausweitung der Industriezonen weichen musste und auf den Friedhof von Chambière verlagert wurde.

Tafel 3   Colombey

Tafel 3: Monumente bei Colombey (Die Nummern korrespondieren mit den Nummern der detaillierten Beschreibungen im III. Teil).
Quelle: Open Street Map, eigene Bearbeitung

Unsere Rundfahrt beginnt auf der Route d'Aubigny am nordwestlichen Ortsausgang von Ars-Laquenexy. Von hier aus brach General v. d. Goltz mit seiner 26. Infanterie-Brigade (IR 15 und IR 55) am 14. August 1870 gegen 15.30 h nach Colombey auf, um den Abmarsch der Franzosen aufzuhalten. In der Geschichte der I. Armee heißt es: „Die Avantgarde rückte in dünnen langen Linien südlich Marsilly vor, der linke Flügel über Ch. Aubigny gegen Colombey, der rechte über Coincy"[48].

Keine spektakuläre Ansicht, aber dieser Blick von der Route d'Aubigny am Ortsausgang von Ars-Laquenexy Richtung Schloss Aubigny (auf der Anhöhe hinter den Bäumen) verdeutlicht die Situation. Hier ging die Avantgarde der 26. Infanterie-Brigade gegen das Schloss und den etwas weiter nördlich liegenden Weiler Colombey vor (siehe unteres Foto).

Etwas weiter auf der Route d'Aubigny kann man im Hintergrund die roten Dächer der Ferme de Colombey erkennen.

Möchte man das beim Schloss von Aubigny liegende **Denkmal des 8. Ostpreußischen Infanterie-Regiments Nr. 45 (Abb. 14)** besichtigen, biegt

---

[48]   Schell: a.a.O., S. 72

man zunächst von der Route d'Aubigny rechts in die Route de Pange (D4) ein, durchfährt das Bachtal, was damals ein nicht zu unterschätzendes Hindernis für die kämpfenden Truppen war, und hält nach rund 300 m rechts an einem Feldweg unter einem Strommast. Von hier aus muss man zu Fuß gehen. Allerdings liegt der Denkmalkomplex auf einer Viehweide und ist daher nur eingeschränkt zugänglich. Zunächst geht man den Feldweg entlang bis über den Bach, dann rechts und bei den wenigen von der Trockenheit der letzten Jahre noch verschonten Bäumen der ursprünglich baumgesäumten nördlichen Zufahrt links hoch Richtung Schloss (Wegstrecke insgesamt rd. 500 m). Das IR 45 war hier am 31. August 1870 bei dem Ausbruchsversuch der Franzosen aus dem belagerten Metz im Rahmen der Schlacht bei Noisseville zum Einsatz gekommen. Nach den Kämpfen waren dann die Gefallenen in Massen- und Einzelgräbern in der Nähe des Schlosses bestattet worden und ein Jahr später wurde hier das Denkmal errichtet.

Zurück auf der D4 bis zur Ferme de Colombey. Mehr hat von den damals so heftig umkämpften Gebäuden des Weilers Colombey nicht die Zeit überstanden. Das Schloss von Colombey ist zerstört, der Park völlig verwildert. An seinem Rand, von der D4 her einsehbar, liegt eine **deutsche Kriegsgräberstätte mit dem beeindruckenden Denkmal des 1. Westfälischen Infanterie-Regiments Nr. 13 (Abb. 15).** Am besten parkt man das Auto an der Ferme de Colombey und besichtigt die folgenden Denkmäler zu Fuß.

Nur 200 m hinter der Kriegsgräberstätte beginnt die „Totenallee", eine am 14. August 1870 schwer umkämpfte Baumallee, die sich aufgrund der hohen Verluste der 26. Infanterie-Brigade damals im deutschen Sprachraum unter diesem Begriff eingeprägt hatte. Heute ist der Weg völlig zugewuchert und unpassierbar, woran man erkennt, dass dieser Bereich für die Franzosen trotz der heftigen Kämpfe nie eine derart herausragende Rolle gespielt hat. In der Regimentsgeschichte des IR 55 wird die Baumallee wie folgt beschrieben[49]: „Diese Pappelallee führt von dem sich von Colombey nach Borny (Westen) hinziehenden Wege etwa 350 Schritt nordwestlich des ersteren Ortes nach Norden zur Saarbrücker Chaussee. Sie ist

---

[49]   Blomberg, Frhr. v.; Leszczynski, v.: Geschichte des 6. Westfälischen Infanterie-Regiments Nr. 55, Detmold 1877, S. 324

hohlwegartig eingeschnitten und es liegt an ihr ein Tannenwäldchen, welches wie die Allee stark besetzt war und hinter dem sich zahlreiche Reserven befanden. Schützengräben sowie einzelne Waldparcellen und Hecken, welche gute Deckung gewährten, machten die Stellung der Franzosen zu einer sehr guten."

Aktueller Anblick der „Totenallee" mit Denkmal des JägBatl 7 im Vordergrund sowie zeitgenössische Darstellung mit den Denkmälern des IR 15 und IR 55.

Der nachstehende Ausschnitt (siehe nächste Seite) aus einer zeitgenössischen Landkarte zeigt wenige Jahre nach dem Krieg die Vielzahl der deutschen Gräber entlang der „Totenallee" und im Bereich des östlich angrenzenden Tannenwäldchens. In einem zeitgenössischen Führer über die Schlachtfelder von Metz beschreibt der Verfasser die Kämpfe in diesem Bereich[50]:

„Besonders erbittert wütete der Kampf um diese Zeit [6 Uhr] im Park von Colombey und auf dem nördlich davon gelegenen Abhange bis zur Saarbrücker Straße [in etwa die heutige D603, Anm. d. Verf.].

Gegen die von Colombey zu letzterer führende Pappelallee und das daran grenzende kleine Tannengehölz hatte die 26. Brigade seit geraumer Zeit vergeblich ihre Angriffe

---

[50] Lang, Georg: Metzer Schlachtfeldführer. Nach den besten Quellen bearbeitet von Georg Lang, 12. Auflage, Metz 1914, S. 15

gerichtet; als nun die 25. Brigade hier in den Kampf eingriff, gelang es unter persönlicher Führung des Generals Osten-Sacken den Feind auf die Allee zurückzuwerfen und in mörderischem Kampfe das Wäldchen zu nehmen.

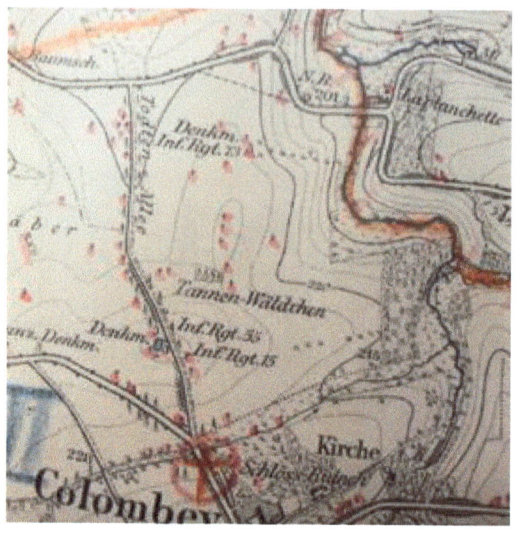

Leider war dieser Erfolg nicht von Dauer; von drei Seiten unter Feuer genommen, mußten die vorgedrungenen Bataillone unter schweren Verlusten abermals weichen. Im Grunde von Colombey sammelte und ordnete General von Osten-Sacken seine weichenden Abteilungen wieder und führte sie von neuem zum Sturme vor, der, mit verstärkten Kräften unternommen, jetzt endlich glückte.

Der Feind wurde kurz vor 7 Uhr endgültig aus dem mit großer Hartnäckigkeit verteidigten Wegabschnitte und dem Tannengehölze vertrieben, worin sich nun unsere Truppen einnisteten".

Hier an der „Totenallee" stehen die Denkmäler aller drei Infanterie-Einheiten der 26. Brigade. Ein Feldweg führt heute außerhalb der völlig zugewucherten Allee entlang. Gleich am Eingang findet man auf der linken Seite das **Denkmal des Westfälischen Jäger-Bataillons Nr. 7 (Abb. 16)**. Dieses ist auf dem obigen Kartenausschnitt noch nicht eingezeichnet, da erst 1907 eingeweiht. Ein Stück weiter steht das **Denkmal des 2. Westfälischen Infanterie-Regiments Nr. 15 (Abb. 17)** und wenige Meter weiter findet sich das Denkmal des **6. Westfälischen Infanterie-Regiments Nr. 55 (Abb. 18)**.

Bahnt man sich hier einen Weg durch das Gestrüpp nach rechts auf das Feld, kann man das damalige Schlachtfeld mit dem hart umkämpften „Tannenwäldchen" (heute eher mit Laubbäumen bewachsen) erkennen (siehe Foto nächste Seite).

Aktueller Anblick des „Tannenwäldchens" rechts der „Totenallee".

Der Waldstreifen im Hintergrund kennzeichnet in etwa den Verlauf der damaligen Saarbrücker Straße.

Weiter geht es zum **Denkmal des 2. Hanseatischen Infanterie-Regiments Nr. 76 (Abb. 19)**. Dazu kehren wir zum Auto zurück und fahren rund 1,5 km durch das Industriegebiet auf die D603 Richtung Courcelles-Chaussy, der wir einen knappen Kilometer folgen und links in die D69F einbiegen, wo wir gleich auf der linken Seite auf der aufgelassenen ehemaligen Saarbrücker Straße parken können.

Der in einem kurzen Stück erhalten gebliebenen Trasse mit dem charakteristischen Kurvenverlauf folgen wir zu Fuß bergauf zum Obelisken des IR 76. Es handelt sich hier um das westliche Vorfeld des auf der vorstehenden Karte als „La Planchette" bezeichneten Geländes. Um diese Anhöhe und das gleichnamige Gasthaus (Auberge) gab es am 14. August heftige Kämpfe. Das Denkmal selbst zeigt sich in gutem Zustand, aber leider ist die Umgebung ziemlich ungepflegt.

Trasse der ehemaligen Saarbrücker Straße

Bis zum Beginn des 20. Jahrhunderts befanden sich bei La Planchette zwei Offiziersgräber und ein Massengrab für Gefallene von IR 15 und IR 55, die aber im Zuge der Umbettungen auf die Kriegsgräberstätte im Park von Colombey überführt wurden. Heute befindet sich auf La Planchette eine moderne Neubausiedlung.

Vom Standort des Denkmals aus kann man das Plateau von Nouilly und St. Barbe erkennen, Schauplatz der Kämpfe am 14. August 1870 auf dem rechten deutschen Flügel, und taktisches Ziel von Bazaine bei seinem Ausbruchsversuch am 31. August

1870. Der französische Plan hatte als ersten Schritt die Eroberung dieses Plateaus um Ste. Barbe vorgesehen, um dann nach Norden Richtung Thionville zu marschieren.

Blick vom Standort des Denkmals des IR 76 nach Norden Richtung Nouilly und Noisseville

Die Besichtigung des auf der anderen Seite der D603 am Rand eines kleinen Wäldchens versteckten **Denkmals des Hannoverschen Füsilier-Regiments Nr. 73 (Abb. 20)** muss zu Fuß erfolgen und erfordert robuste Kleidung. Zurück auf der Trasse der ehemaligen Saarbrücker Straße, überquert man an ihrer Einmündung die D603 und hält sich am Feldrand nach rechts und dann nach Süden. Ohne sich durch eine Hecke zu zwängen, geht es leider nicht. Auf dem Grab der gefallenen Offiziere dieses Regiments erinnert eine Sandsteinsäule an die Kämpfe um Colombey und das „Tannenwäldchen", das in seinen Ausmaßen weitgehend unverändert auf dem leichten Abhang des weitläufigen Felds zu sehen ist.

Blick vom Standort des Denkmals des FR 73 auf das „Tannenwäldchen" und die „Totenallee" (rechts), links im Hintergrund der Parc de Colombey

Nach zugegebenermaßen etwas beschwerlichem Rückweg über unwegsames Gelände wieder am Auto, können wir das nächste Ziel ansteuern, das in der Luftlinie nur einige hundert Meter weiter nördlich liegt. Direkt an der D954 befindet sich das **Grabdenkmal des Seconde Lieutenant von Arnim vom Ostpreußischen Jäger-Bataillon Nr. 1 (Abb. 21)**. Vor dem 1. Weltkrieg diente dieses Grabdenkmal auch für offizielle Gedächtnisfeierlichkeiten des gesamten Bataillons. Von hier aus schweift der Blick über das damalige Schlachtfeld nach Südosten. Man kann hinter dem Feld das Denkmal des IR 76 sehen, dahinter die Anhöhe des Parks von Colombey.

Blick von der D954 am Grabdenkmal v. Arnim nach Südosten. Im linken Waldstück liegt La Planchette. Am Ende des Feldes befindet sich der Standort des Denkmals des IR 76, im Hintergrund ist rechts die Erhebung des Parc de Colombey zu erkennen.

Weiter geht es auf der D954 in den Bereich der Schlacht bei Noisseville. Die Fahrt führt durch das damals heftig umkämpfte Dorf Lauvallières hindurch nach Noisseville, Namensgeber der Schlacht vom 31. August und 1. September 1870, aber auch schon am 14. August Schauplatz heftiger Kämpfe. Am Ortseingang liegt links das imposante, zentrale französische Denkmal. Wir biegen nach dem ersten Gehöft nach rechts in die Rue de l'Amitié, eher ein geteerter Feldweg, wo nach rund hundert Metern der „Löwe von Retoney" sichtbar wird, das beeindruckende **Denkmal des I. Armee-Korps (Abb. 22)**, das am 1. September 1870 einen massiven Angriff auf Noisseville begonnen hatte, der zum Rückzug der Franzosen führte und damit die Schlacht entschied.

Blick vom Denkmal des I. AK nach Westen über das Schlachtfeld von Nouilly und Noisseville. Vorne das französische Denkmal am Ortseingang von Noisseville, dahinter die sanften Abhänge des Plateaus und im Hintergrund die Höhen am linken Moselufer bei Metz.

Zurück zur Kreuzung und geradewegs nach Noisseville hinein. Gleich das erste Haus auf der rechten Seite zeigt an der Fassade eine **Gedenkplakette für die Gefallenen der 2./GR 4 (Abb. 23)**, die am 31. August 1870 dieses Gebäude, die Brasserie (Brauerei), lange gegen einen französischen Angriff verteidigt hatte, deren Überlebende sich aber letztendlich doch der Übermacht ergeben mussten.

Die Fahrt geht durch Noisseville hindurch zum etwas westlich auf einer leichten Anhöhe gelegenen Dorf Nouilly, das neben Colombey zum Namensgeber der Schlacht vom 14. August wurde. Hier trafen die Ostpreußen auf das 4. Korps der Franzosen. In den sich entwickelnden schweren Kämpfen hatten beide Seiten hohe Verluste. Die Toten wurden in zahlreichen Massengräbern und Friedhöfen vorwiegend nördlich der Straße von Mey nach Nouilly (heute D69) bestattet. Heute lassen sich hier am Ortsrand noch zwei interessante Kriegsgräberstätten finden. An einem Feldweg nördlich des Neubaugebiets liegt unter einem Baum ein kleiner, ummauerter **Friedhof für Gefallene des 2. Ostpreußischen Grenadier-Regiments Nr. 3 (Abb. 24)**.

Etwas weiter westlich auf freier Weidefläche direkt im Vorfeld des in dem Wäldchen versteckten Infanteriewerks Mey umgrenzt ein schmiedeeiserner Zaun eine kleine **Kriegsgräberstätte mit Offiziersgräbern von IR 43 und IR 44 (Abb. 25)**.

Tafel 4   Nouilly und Noisseville

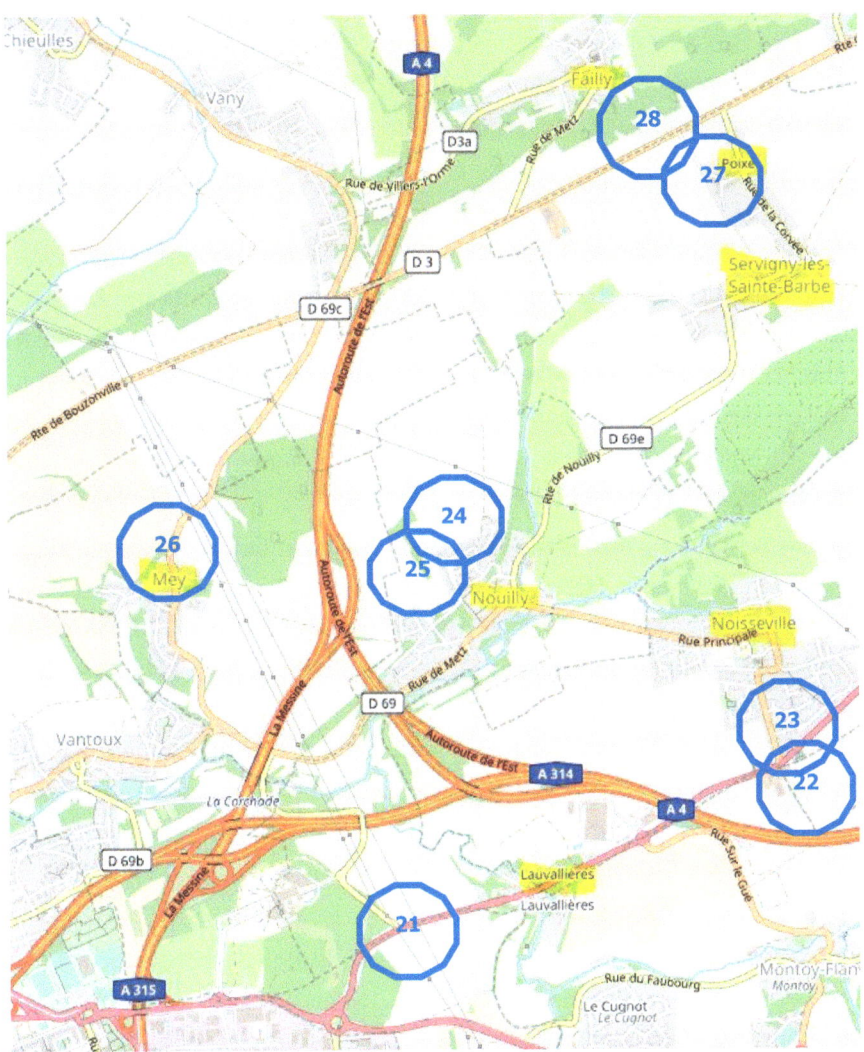

Tafel 4: Monumente in Nouilly und Noisseville (Die Nummern korrespondieren mit den Nummern der detaillierten Beschreibungen im III. Teil).
Quelle: Open Street Map, eigene Bearbeitung

Der Zugang zu dieser Kriegsgräberstätte ist durch Viehhaltung und Stacheldrahtzäune erschwert.

Folgt man nun der D69 nach Westen unter der A4 und der A315 hindurch, kommt man zum kleinen Dorf Mey, an dessen nördlichem Ausgang eine sehr gepflegte **deutsch-französische Kriegsgräberstätte (Abb. 26)** liegt.

Die beiden letzten Teilstrecken dieser Rundfahrt führen weiter die D69C entlang bis zur Kreuzung mit der D3, wo man rechts abbiegen muss Richtung Bouzonville. Ungefähr 1,5 km, nachdem man die A4 unterquert hat, nimmt man die zweite Einfahrt in das Örtchen Poixe und fährt im Ort ringförmig zum westlichen Rand. Hier steht das **Denkmal des 5. Ostpreußischen Infanterie-Regiments Nr. 41 (Abb. 27)**, dahinter ein von einer großen Grabplatte bedecktes Sammelgrab für Gefallene des GR 1. Auf den umliegenden Feldern bis nach Ste. Barbe im Osten und Failly im Norden hatten diese Regimenter am 31. August / 1. September 1870 schwere Abwehrkämpfe zu bestehen.

Für eine Besichtigung des letzten Zieles dieser Rundfahrt bleibt das Auto am besten hier stehen. Nur wenige Meter jenseits der D3 kurz vor dem Abhang hinunter nach Failly liegt eine weitere gepflegte **Gräbergruppe für drei Offiziere des Grenadier-Regiments Kronprinz (1. Ostpreußisches) Nr. 1 (Abb. 28)**. Lässt man von hier den Blick schweifen, sieht man ringsherum die Landschaft, auf denen vor 150 Jahren die blutigen Kämpfe zwischen den Ostpreußen des I. Armee-Korps und Bazaines Rheinarmee tobten. Sie war damals noch nicht durch die riesigen Felder geprägt, die Landwirtschaft war kleiner strukturiert und stützte sich – wie an vielen Stellen der Regimentsgeschichten erwähnt wird – auch viel auf Weinbau, der hier heute gar nicht mehr vertreten ist.

Am westlichen Horizont kann man bei klarer Sicht deutlich die Höhenzüge auf dem anderen Moselufer sehen. Hier kam es am 16. August 1870 zur nächsten der insgesamt vier Schlachten bei Metz, als die Deutschen den französischen Rückzug nach Châlons bei Vionville aufhalten konnten und es zur Schlacht von Vionville/Mars-la-Tour und zwei Tage später bei Gravelotte/St. Privat-la-Montagne kam. Diese Orte sind das Ziel der im zweiten Band „Metz August 1870" beschriebenen Rundfahrten über die Schlachtfelder von 1870 bei Metz.

III. DETAILBESCHREIBUNGEN DER IM TEXT VERZEICHNETEN DEUTSCHEN DENKMÄLER UND KRIEGSGRÄBER

Saarbrücken

Spichern

Colombey – Nouilly – Noisseville

1

Winterbergdenkmal

Lage:

Saarbrücken, ca. 200 m
östlich des Klinikums Winterberg

Aktueller Zustand
und zeitgenössische
Ansichtskarten

Koordinaten:

49.220808, 7.002059

Beschreibung:

Von dem auf einem künstlichen Hügel auf der einst kahlen Kuppe des Winterbergs errichteten und schon von weitem sichtbaren Turmdenkmal ist nur noch der rekonstruierte Sockel sowie verstreute Überreste des Aufbaus erhalten. Eine Metallplakette erläutert die Historie: „Hier stand das Winterbergdenkmal 1874-1939, Wahrzeichen der Stadt Saarbrücken, Gedenkstätte der deutschen und französischen Opfer, Europäische Mahnstätte für die Toten der Kriege".

Geschichtlicher Hintergrund:

Als Denkmal der I. Armee und gleichzeitig Nationaldenkmal zur Erinnerung an die mit dem siegreichen Ausgang des Krieges 1870/71 erfolgte Reichseinigung wurde der 20 m hohe Turm mit umlaufender zehnseitiger Wandelhalle am 9. August 1874 eingeweiht.

Auf der Spichern zugewandten Seite trug ein steinerner Schild die Inschrift „Deutschlands Helden 1870-1871". Um den Turm lief ein Reliefband mit den Bezeichnungen der Regimenter, die an den Kämpfen um Saarbrücken und Spichern im August 1870 teilgenommen hatten (Auflistung siehe unten). Einige wenige dieser Steine mit den Regimentsbezeichnungen sind noch erhalten (z. B. IR 55, siehe Foto auf vorheriger Seite).

Nach Ausbruch des 2. Weltkriegs, am 10. September 1939, wurde der Turm von der deutschen Wehrmacht gesprengt, um der feindlichen Artillerie keinen Orientierungspunkt zu geben. Planungen für einen Wiederaufbau in den 1970-er Jahren blieben erfolglos, nach einem Spendenaufruf konnte lediglich der Sockel wieder aufgemauert werden.

Der Winterberg war am 2. August 1870 in die kriegerischen Ereignisse einbezogen, als die Franzosen ihn vorübergehend besetzten. In kleineren Geplänkeln gab es auf beiden Seiten Verluste, an die z.B. noch ein deutsches Grab etwa 150 m südlich der Denkmalruine erinnert. Auf dem gusseisernen Kreuz steht „Hier ruht in Gott 1 tapferer Krieger gestorben den Heldentod am 2. Aug. 1870", während es auf dem Sockel heißt: „Füs. ZENNER 6. Komp. Hohenz. Füs. Rgt. 40".

Inschriften auf dem ehemaligen Denkmal

Auf dem Reliefband auf halber Höhe des Turms waren die Namen der an den Schlachten von Anfang August 1870 beteiligten Regimenter verzeichnet[1]:

„Füsilier-Regiment Nr. 40, Husaren-Regiment Nr. 9, Infanterie-Regiment Nr. 55, Jäger-Bataillon Nr. 7, Infanterie-Regiment Nr. 53, Husaren-Regiment Nr. 15, Husaren-Regiment Nr. 11, Jäger-Bataillon Nr. 3, Infanterie-Regiment Nr. 77, Husaren-Regiment Nr. 8, Husaren-Regiment Nr. 17, Infanterie-Regiment Nr. 74, Artillerie-Regiment Nr. 1, Artillerie-Regiment Nr. 7, Füsilier-Regiment Nr. 39, Infanterie-Regiment Nr. 12, Artillerie-Regiment Nr. 3, Infanterie-Regiment Nr. 48, Kürassier-Regiment Nr. 6, Infanterie-Regiment Nr. 8, Dragoner-Regiment Nr. 12, Dragoner-Regiment Nr. 19, Infanterie-Regiment Nr. 52, Sanitäts-Detachements: Nr. 2 vom VIII. AK, Nr. 1 vom III. AK, Nr. 2 vom VII. AK, Artillerie-Regiment Nr. 8, Pionier-Bataillon Nr. 8, Infanterie-Regiment Nr. 69, Infanterie-Regiment Nr. 70, Ulanen-Regiment Nr. 3, Ulanen-Regiment Nr. 7."

Quellen:

[1] Lattorff, v., Arthur: a.a.O, S. 57

Lage:

Saarbrücken, Lulustein 13
(auf der Rückseite der Sport- und
Festhalle des ATSV Saarbrücken)

Koordinaten:

49.227945, 6.974705

Aktueller Zustand und Ansicht aus „Die Gartenlaube", Heft 45, S. 753, Leipzig 1871, zitiert nach wikisource

Beschreibung:

Auf der am 2. August 1870 im damaligen Vorfeld der Stadt Saarbrücken liegenden, strategisch wichtigen und heiß umkämpften Anhöhe des ehemaligen Exerzierplatzes steht ein Gedenkstein zur Erinnerung an Louis Bonaparte, den Sohn Napoleons III. Es handelt sich um einen schlichten quaderförmigen Gedenkstein mit rot eingefärbter Beschriftung „Lulustein 2ten August 1870". Unten in der rechten Ecke sind die Buchstaben „V.V." eingraviert. An seinem heutigen Standort in einer schmalen Rasenfläche am Straßenrand innerhalb eines dichtbesiedelten Stadtteils fällt der Stein kaum ins Auge, insbesondere, weil auch die zu einem späteren Zeitpunkt errichtete schmiedeeiserne Umzäunung nicht mehr vorhanden ist.

Geschichtlicher Hintergrund:

Der französische Kaiser hatte während der Kämpfe gegen Mittag des 2. August 1870 das Schlachtfeld besucht und seinen ihn begleitenden 15-jährigen Sohn von hier eine Mitralleuse auf St. Johann abfeuern lassen.

Der Stein wurde 1871 durch H.H. Baumann aus Bremen, Veteran des Feldzugs 1814/15, an dem von französischen Kriegsgefangenen bezeichneten Ort der damaligen Ereignisse errichtet und musste seitdem aufgrund von Verwitterung, aber auch aufgrund von Diebstahl aus Reliquiensucht mehrfach erneuert werden. Schon 1895 heißt es in einem Reiseführer: „Es ist der zweite seiner Art, da der erste von reliquiensüchtigen Engländern stückweise weggeschleppt wurde"[1]. Der ursprüngliche Stein trug die Inschrift „Lulu's erstes Debut 2ten August 1870, err. v. H. H. Baumann, Vet. v. 1814-1815", die damals im Gegensatz zu heute nach Westen, d.h. Richtung Frankreich, zeigte.

Quellen:

[1] o.V.: Illustrierter Fremdenführer für die Besucher des Spicherer Schlachtfeldes sowie der Städte Saarbrücken und St. Johann nebst Umgebung, Saarbrücken 1895

Denkmal des 3. Brandenburgischen Infanterie-Regiments Nr. 53 und Kriegsgräber auf dem Friedhof Ehrental

3

Lage:

Saarbrücken
Deutsch-Französischer
Garten Metzer Straße

Koordinaten:

49.222322, 6.971168

Beschreibung:

Innerhalb des heutigen Deutsch-Französischen Gartens, 1960 aus der Deutsch-Französischen Gartenschau hervorgegangen, liegt unter hohen Bäumen das dichtbelegte Gräberfeld des Friedhofs Ehrental, auf dem neben Gefallenen sowie in den Lazaretten an den Wunden Gestorbenen des Krieges 1870/71 auch zahlreiche Veteranen und Ehrenbürger der Städte Saarbrücken und St. Johann beigesetzt sind. Mehrere lange Massengräber („Hier ruhen mehrere Hundert tapfere Krieger, die bei Erstürmung der Spicherer Höhen in treuer Pflichterfüllung fielen") werden von dutzenden Grabdenkmälern auf Einzelgräbern gesäumt. Am Rand hat das Denkmal des IR 53 die Zeit leidlich überstanden.

Geschichtlicher Hintergrund:

In dem damaligen, Galgendell genannten Wiesengelände im Tal zwischen dem alten Exerzierplatz und dem Galgenberg wurde unmittelbar nach Ende der Kämpfe bei Spichern eine Kriegsgräberstätte für erste Gefallene beider Nationen angelegt[1].

Frühe Abbildungen, wie z. B. das nebenstehende, nach der Natur angefertigte Bild von G. Arnould in der „Gartenlaube"[2] zeigen ein einfaches Gräberfeld mit meist einfachen Holzkreuzen.

Am 16. Oktober 1870 wurde der Friedhof offiziell eingeweiht. Bis zum April 1871 wurden 457 gefallene oder an den Wunden in Lazaretten verstorbene Soldaten beigesetzt.

Bis 1916 folgten weitere Bestattungen von verdienten Veteranen. Vermutlich schon zur Einweihung wurde der in Form einer Ellipse angelegte Friedhof mit einem hohen Zaun umgeben, wie man auf späteren Ansichten erkennen kann. Lattorff[3] hatte für das Jahr 1877 insgesamt 66 namentliche oder mit Kreuzen gekennzeichnete Grabstätten sowie 18 Gräber ohne Kreuze oder Kennzeichnungen erwähnt. Im Zuge von Umbettungen erhöhte sich 1890 die Anzahl um weitere 83 sterbliche Überreste gefallener Soldaten. 1970 listet der Volksbund Deutsche Kriegsgräberfürsorge zum Ehrental auf: „66 Angaben. Es birgt 558 deutsche und französische Tote und ist mit das am besten instand gehaltene Gräberfeld von Kriegstoten auf deutschem Boden."[4]

Beispielhafte Einzelbeschreibungen:

Nachstehend werden als Beispiele für die zahlreichen Grabstellen bzw. Denkmäler drei Monumente im Detail beschrieben:

a) Grabstätte General Bruno v. Francois

Das Grabdenkmal besteht aus einem würfelförmigen Sockel mit Inschrift, auf dem ein abgebrochener Säulenschaft mit dem Familienwappen steht. Der General war bei der Erstürmung des Roten Berges an der Spitze seiner Truppen tödlich verwundet und hier beigesetzt worden. An der Stelle seiner tödlichen Verwundung am Roten Berg steht ein Gedenkstein (siehe Abb. 11).

Inschrift auf der Vorderseite des Sockels: „Bruno von Francois, General-Major u. Commandeur der 27. Inf. Brigade. Geb. den 29. Juni 1818. Er fiel von fünf feindlichen Kugeln getroffen im siegreichen Vorgehen bei Erstürmung der Spichernberge am 6. August 1870.

Rosse werden zum Streittage bereitet aber der Sieg kommt vom Herrn. Spr. Salm. 21,31".

b) Grabstätte Katharina[5)] Weißgerber

Bei diesem Einzelgrab handelt es sich um eine der beiden Grabstellen für Zivilisten, die aber eng mit den kriegerischen Ereignissen der ersten Augusttage 1870 verbunden sind.

Die aus einfachen Verhältnissen stammende Dienstmagd Katharine Weißgerber hatte bei den Kämpfen in Saarbrücken und Spichern selbstlos und eigenständig Verwundete und Sterbende auf den Schlachtfeldern betreut. Materielle Vorteile wurden ihr von offizieller Seite daraus später nicht zuteil, aber zumindest führte ein behördlicher Spendenaufruf zur Finanzierung des Grabsteins auf ihrer Grabstelle im Ehrental.

Die Inschrift auf dem Grabstein des schlichten, aber stets geschmückten Grabes lautet: „Katharine Weißgerber, genannt „Schultze Kathrin", geb. den 3. August 1818, gest. den 6. August 1886. Dem heldenmütigen Mädchen zum ehrenden Gedächtnis gewidmet von ihren Mitbürgern."

c) Denkmal des 5. Westfälischen Infanterie-Regiments Nr. 53

Am östlichen Ende des Friedhofs steht der hohe, abgestufte Obelisk des IR 53.

Beschreibung:

Zahlreiche Ausbesserungen zeugen von Verwitterung und offensichtlich auch äußeren Gewalteinwirkungen des letzten Krieges, aber insgesamt bietet das von einem Bronzeadler mit ausgebreiteten Schwingen bekrönte Denkmal aus Neckarsandstein nach wie vor einen imposanten Anblick. Im unteren Bereich auf der Vorderseite zieht sich im Halbkreis um einen großen Lorbeerkranz herum der Regimentsname, während auf den Seiten links und rechts der Toten der beiden Weltkriege gedacht wird.

Die Namen der gefallen Offiziere sind im oberen Bereich des Obelisken vermerkt (siehe nachstehende Auflistung).

Geschichtlicher Hintergrund:

Das IR 53 gehörte zur 28. Infanterie-Brigade (14. ID, VII. AK). Diese Brigade wurde auf dem rechten deutschen Flügel eingesetzt und lieferte sich mit den Franzosen heftige Gefechte um Dorf und Wald von Stiring.

Im Verlauf dieser Kämpfe wurden die Deutschen zunächst weit zurückgedrängt, konnten aber gegen Abend in einem erneuten Angriff die Franzosen zum Rückzug zwingen.

Die Verluste des Regiments beliefen sich am 6. August 1870 auf 48 Tote, 159 Verwundete und 16 Vermisste[6].

Beschriftungen:

Vorderseite

„Ferdinand von RAPPARD, Premier-Lieutenant, 6. August 1870, Saarbrücken – Karl KIRSTEN, Premier-Lieutenant, 6. August 1870, Saarbrücken – Karl MAYER, Premier-Lieutenant, 6. August 1870, Saarbrücken – Karl Freiherr von SPIEGEL-PECKELSHEIM, Second-Lieutenant, 6. August 1870, Saarbrücken"

Rechte Seite:

„Friedrich KOCK, Second-Lieutenant, 6. August 1870, Saarbrücken – Rudolph SCHNITZLER, Second-Lieutenant, 6. August 1870, Saarbrücken – Ernst von ESCHTRUTH, Premier-Lieutenant, 14. August 1870, Colombey"

Linke Seite:

„Adolph SCHMIDT, Second-Lieutenant, 29. Januar 1871, Chaffois – Gustav Adolph Freiherr von PLETTENBERG, Second-Lieutenant, Chaffois – Heinrich KRAMBS, Stabsarzt, 15. Dezember 1870"

Rückseite:

„Guido KEHL, Premier-Lieutenant, 14. August 1870, Colombey – Paul WÄCHTER, Premier-Lieutenant, 17. August 1870, Bois de Vaux – August RÜCKER, Hauptmann, 18. August 1870, Gravelotte – Carl KEHL, Premier-Lieutenant, 18. August 1870, Gravelotte

Es starben für König und Vaterland 13 Unteroffiziere, 163 Gemeine."

Quellen:

1) o.V.: Das Ehrenthal bei Saarbrücken, in: Die Gartenlaube, Heft 19, S. 323f, Leipzig 1871, zitiert nach wikisource

2) Lattorf erwähnt nicht mehr erkennbare Gräber von Russen und Spaniern an dieser Stelle (aus den Napoleonischen Kriegen? Anm. d. Verf.), siehe: Lattorff, v., Arthur: a.a.O., S. 55f

3) Lattorff, v., Arthur: a.a.O., S. 57

4) Krebs, Gerhild: Deutsch-Französischer Garten, in: http://www.memotransfront.uni-saarland.de/pdf/dtfrz_garten.pdf

5) Entgegen der Schreibweise auf dem Grabstein lautet der richtige Vorname Katharina, siehe Reuter, Stefan: www.spurensuche-spichern.de

6) Engel: a.a.O., S. 108

Gedenksteine auf der Folsterhöhe

Auf der Folsterhöhe erinnern ein Grab und zwei Gedenksteine an die Kämpfe vom 6. August 1870:

a)   Einzelgrab HEUBES

Lage: Saarbrücken, Hirtenwies

Koordinaten: 49.218142, 6.968613

Es handelt sich um ein typisches Einzelgrab, wie sie noch an vielen Stellen des Saarbrücker Stadtgebiets vorhanden sind und von der breiten Öffentlichkeit kaum wahrgenommen werden. Die standardmäßige Inschrift auf dem schmucklosen gusseisernen Kreuz lautet „Hier ruhen deutsche Soldaten gefallen am 6. August 1870", während auf dem Sandsteinsockel des Kreuzes kaum noch entzifferbar „Uffz. A. HEUBES, Feld. Art. Reg. Nr. 7" steht.

Die ursprüngliche Inschrift lautete: „Hier ruht der Unteroffizier A. HEUBES von der 2. schweren Batterie Feldartillerie-Regiments Nr. 7". In der VL 26 wird A. Heubes aus Duisburg von der 2. schweren Fuß-Batterie ausgewiesen. Er war einer der beiden Gefallenen des Regiments am 6. August 1870.

b) Klaiber-Stein

Lage: Saarbrücken

                   Auf dem Gelände der

                   Grundschule Folsterhöhe

Koordinaten: 49.215577, 6.961177

Der Klaiber-Stein, eine im unteren Bereich bildhauerisch verzierte Sandsteinstele, erinnert an den Ulan Sebastian Klaiber, der hier auf einem Patrouillenritt während der ersten Kriegstage gefallen war.

Eine Metalltafel trägt die Inschrift „Auf dieser Anhöhe hatte das Ulanen Regiment Nr. 7 im Krieg gegen Frankreich den ersten Verlust. Am 28. Juli 1870 starb hier den Heldentod für König und Vaterland: der Ulan der 4. Eskadron Sebastian KLAIBER. Errichtet vom Verein ehemaliger 7ter Ulanen".

Drei Schwadronen des Rheinischen Ulanen-Regiments Nr. 7 gehörten zu dem kleinen Kontingent preußischer Truppen in Saarbrücken, die sich in den Tagen zwischen Kriegerklärung am 18. Juli 1870 und Ausbruch der Kämpfe am 2. August 1870 immer wieder kleine Scharmützel mit den an die Grenze vorgeschobenen Einheiten des französischen 2. Korps Frossard lieferten. In der VL 40 wird der Ulan Sebastian Klaiber aus Ganselfingen, Kr. Hechingen mit dem Vermerk geführt: T, S .d. d. Kopf auf Patrouille.

b) Gedenkstein FAR 7

Nicht weit entfernt vom Klaiber-Stein steht ein grob behauener Monolith, der an die Gefallenen des FAR 7 erinnert, dessen Batterien am 6. August 1870 hier auf der Folsterhöhe standen. Eine Metalltafel trägt die Inschrift „Seinen tapferen Kameraden – Das Offizier-Korps des 1. Westfälischen Feldartillerie-Regiments Nr. 7 – 6.8.1870". Ein ursprünglich im oberen Bereich der Tafel angebrachtes Eisernes Kreuz ist nicht mehr vorhanden.

Die Verluste des FAR 7 am 6. August 1870 betrugen 2 Tote und 25 Verwundete[2].

Geschichtlicher Hintergrund:

Am 6. August 1870 war die Folsterhöhe eine wichtige Stellung für die deutsche Artillerie. Es waren die Batterien des FAR 7, die nach ihrer Ankunft auf dem Schlachtfeld gegen 12.00 h zunächst auf dem Exerzierplatz (1. leichte Batterie) und dem Reppertsberg (2. leichte, 1. und 2. schwere Batterien) in Stellung gegangen waren, dann aber im Laufe der Schlacht auf die Folsterhöhe vorgezogen wurden und zusammen mit den Batterien des Rheinischen Feldartillerie-Regiments Nr. 8 (FAR 8) eine durchgehende Feuerlinie von hier bis zum Galgenberg bilden konnten.

Quellen:

[2]   Engel: a.a.O., S. 108

5

Denkmal des 2. Hannoverschen Infanterie-Regiments Nr. 77 und Kriegsgräber auf dem Hauptfriedhof Saarbrücken

Auf dem weiten Gelände des Saarbrücker Hauptfriedhofs befinden sich außer dem Denkmal des 2. Hannoverschen Infanterie-Regiments Nr. 77 mehrere Massen- und Einzelgräber der Kämpfe vom August 1870.

Im Rahmen dieses Reiseführers sollen neben dem Denkmal zwei der großen Massengräber beschrieben werden (Details zu den anderen Grabstätten siehe unter www.spurensuche-spichern.de).

a) <u>Denkmal des 2. Hannoverschen Infanterie-Regiments Nr. 77</u>

<u>Lage:</u>

Saarbrücken

Hauptfriedhof, ca. 200 m

nordwestlich des großen

Rondells

<u>Beschreibung:</u>

Das hohe, schlanke Monument besteht aus einer kannelierten Säule, die auf einem sich leicht nach oben verjüngenden Sockel steht, der wiederum auf einem steinernen Postament ruht. Auf dem korinthischen Kapitell an der Spitze der Säule breitet ein Bronzeadler seine Schwingen halb aus.

<u>Koordinaten:</u>

49.209826, 6.953811

Aktueller Zustand und zeitgenössische Ansichtskarte mit dem Denkmal am ursprünglichen Standort

Der Sockel trägt auf der Vorderseite in einem Lorbeerkranz die Widmung „Seinen im Feldzuge gegen Frankreich 1870-71 gefall. Kameraden gewidmet v. 2.

72

Hannoverschen Infanterie-Regiment Nr. 77". Die drei anderen Seiten listen die Namen der Gefallenen pro Bataillon auf (Details siehe unten).

Ursprünglich stand das 1872 errichtete Denkmal des IR 77 an der Südwestecke des Stiringer Waldes, einem der Einsatzorte des Regiments am 6. August 1870. Da sich dieser Standort nach dem Friedensschluss des 1. Weltkriegs auf französischem Territorium befand, wurde das Denkmal 1927 „heimgeholt" und auf dem Hauptfriedhof nahe dem Gräberfeld 1914/18 aufgestellt.

Vergleicht man das heutige Monument mit der zeitgenössischen Aufnahme auf der alten Ansichtskarte, fallen die Unterschiede ins Auge: der ursprüngliche Adler, vermutlich nach 1918 abhandengekommen, hatte ausgebreitete Schwingen und schaute in eine andere Richtung. Das Postament war breiter angelegt und das Denkmal von einem schönen schmiedeeisernen Zaum umgeben.

Geschichtlicher Hintergrund:

Das IR 77 bildete mit dem Schwesterregiment IR 53 die 28. Infanterie-Brigade (14. ID, VII. AK). Der Schwerpunkt seines Einsatzes lag auf dem rechten Flügel bei Stiring. In der Schlacht bei Spichern verlor das Regiment 135 Tote, 434 Verwundete und 59 Vermisste[1].

Namen der Gefallenen:

Rechte Seite:

„**1. Bataillon** Hauptmann und Compagnie-Chef Benno von MANSTEIN, Seconde-Lieutenant Ulbrich von BLUM, Hauptmann und Compagnie-Chef Friedrich von FRANKENBERG, Unteroffiziere: KOETTING, HEYESSEN, SIEVERS, PARSCHKE, LINDE, MÜLLER III, LEHMANN, TÖPFER, STEVES, KLEMANN II, LUDWIG, Musketiere: WEBER, BERGMANN II, ARND, PUSSMANN, BACKHAUS, MEYER III, DETELS, MEYER IV, GRÄFKE, DREWS, BOOS, v. HOERSTEN, SCHWAN, SANDLEBEN, HAHN, SCHMIDT III, HEGERT, OBERHAGEMANN, WAGENER, KAMPFER, KRUSE, HÜLSMANN, FINKE, BREMBRENKER, SCHMIDT IV, SCHULZ II, GLEUE, BRANDES, GREWE, KÖNNECKE, BERGMANN, BEHRMANN, KRÖGER, WÖHLING, FISCHER, WENDT II, SCHÄFER I, BREUKER I, GADE, KRULL, OTHMER, FELDAU, HEIDELBERG, MASTIEN, SCHULZ IV, GRIES, KRAUS, SCHMIDT I, HEILSBUSCH, SCHRÖDER II, MINKE, KOCH, ECKERT,

SCHWENGE, ERNST, MICHEL, BRUNS, WIEBELITZ, MEYER X, BROCKMANN, KOCH, PETERS II, SCHÜTT II."

<u>Rückseite:</u>

„**2. Bataillon** Hauptmann und Compagnie-Chef Rudolph KASCH, Premier-Lieutenant und Compagnie-Führer Richard von LORENTZ, Seconde-Lieutenant und Adjutant STIELER VON HEYDEKAMPF, Seconde-Lieutenant Robert LEHR I, Feldwebel C. K. VOGEL, Vicefeldw. C. BAMBERGER, Unteroffiziere: BISCHOFF, SCHULZ, BEHTZ, VÖLKER, KÖLLNER, MÜNSTER, FLECK, Musketiere: KOSCHER, HUNDER, SCHWARZLOSE, COHRS, LEIFELS, BERGMANN, FELLWOCK, HAHNEKOP, LINDLOF, MEYER X, PRINZ, KOHDEN, BUSCHMEYER, SCHULZ V, WILLERS, WENDEMANN, KUHN, SAUKE, BRANDES, SCHRÖDER III, BOSTELMANN, KLUSSMANN, WISSMANN, SCHRÖDER II, TAIGTHÜRING, LOHMANN, KRUSE I, HARTMANN I, BRÜNHÖFER, MATHIES, KUHL, KLEINDORF, BURMESTER, NEDLITZ, LUNDE, CORDES I, HEITLINDEMANN, LIEDEMANN, MEYER III und IV, MENNECKE, MEYER IV, NOLL, THIEMANN, WOLTER, POLEHN, KIEGE, NAUE, FESEL, HOLZE, FEHLHABER, GÖGG, SCHMALE, GREULICH."

<u>Linke Seite:</u>

„**Füsilier-Bataillon** Hauptmann und Compagnie-Chef Franz von DAUM, Premier-Lieutenant und Compagnie-Führer Heinrich SCHMIDT, Seconde-Lieutenant Oscar von OSTROWSKI, Feldwebel Hermann SCHLINGER, Vicefeldw. Nathaniel EISENHARDT, Unteroffiziere: NOLL, SCHULZE, SCHNEIDER, TORKEL, KRAMPE, KNOOP, Füsiliere: VOIGTS, HÖWISCH, BARTELS, TIMMERMANN, FRÖBEL, STERNBERG, STRIEPE, HOFFMANN, SCHMIDT, MEYER V, KÜPER, MEYER III, KRUSE, MEYER VIII, WOLTER, DEHNE, KAMLACH I, PAHL, HENGEVOHS, GERSTENKORN, STRACK, KIES, TUBESING, MINDORF, MEYER III, NOLTE (unleserlich, gemäß Lattorf, v., Arthur, a.a.O., S. 39), HEEREN, DREYER, BERNARDY, KARENDAM, SOETEBIER, KLÖPPER, MOHNEKE, KUHKOPF, GARBERS, KUNKEL, SCHULZ VIII, FINKE, SCHIRMER, KNOBLOCH, LEDING, MEYER III, BOLLERSMANN, HENKE, SOLTAU, WESTERMANN, GERBERS, BOCKELMANN, KOTHE, EHRHARD, EHRHORN, SILKE, HALSBAND, BÖSCHE, KAMMLACH II, HÖRMANN, BRUNKAN, FREUND."

Lattorf erwähnt, dass sich innerhalb des ursprünglichen Denkmalplatzes ein „auffallend schönes Offizier-Grabmal" für Hauptmann v. DAUM, PrLt SCHMIDT, SecLt STIELER VON HEYDEKAMPF sowie „noch andere Kameraden" des IR 77 befand[2].

b) Massengrab des IR 77

Lage:
ca. 180 m südwestlich des
Denkmals des IR 77 neben
dem Grabfeld 53

Koordinaten:
49.209848, 6.951631

Beschreibung:
Auf dem im Winkel eines Gräberfeldes liegenden Massengrab steht ein gusseisernes Kreuz mit der Inschrift „Hier ruhen in Gott tapfere Krieger, sie starben den Heldentod am 6. Aug. 1870". Wahrscheinlich handelt es sich um ein Massengrab des IR 77, die Anzahl der hier bestatteten Soldaten ist nicht bekannt.

c) Massengrab am Haupteingang

Lage:
Linkerhand des Haupteingangs
am Rand des Grabfeldes 85

Koordinaten:
49.212168, 6.953375

Beschreibung:
Eine kleine Treppe führt vom Weg zu einem weiteren Massengrab. Auch hier steht ein gusseisernes Kreuz mit der Inschrift „Hier ruhen in Gott tapfere Krieger, sie starben den Heldentod am 6. Aug. 1870".
Anzahl und Regimentszugehörigkeit der hier bestatteten Soldaten sind nicht bekannt.

Quellen:
[1]   Engel, a.a.O., S. 108
[2]   Lattorf, v., Arthur: a.a.O., S. 40

6

Deutsch-französische Kriegsgräberstätte Giffertwald

Lage:

Spicheren
Rue des Montagnes

Koordinaten:

49.200074, 6.967175

Beschreibung:

Der kleine, sehr gepflegte Soldatenfriedhof am nördlichen Ortsausgang von Spicheren ist von einer Steinmauer umgeben. Je fünf Kreuze – weiße für die französischen und schwarze gusseiserne Kreuze für die deutschen Gefallenen – zieren auf beiden Seiten des zentralen Weges die Massengräber, in denen 1.092 Soldaten ihre letzte Ruhestätte gefunden haben.

Der Gedenkstein trägt die Inschrift „Hier ruhen tapfere Krieger 6. August 1870. Errichtet von der Vereinigung zur Schmückung und fortdauernden Erhaltung der Kriegergräber u. Denkmäler bei Metz, unter Mitwirkung des Kriegervereins Forbach i./L." Die in den Boden eingelassene Platte vor dem Gedenkstein trägt die Inschrift „Dem Andenken der am 6. Aug. 1870 bei Stieringen gefallenen Krieger gewidmet".

Beiderseits des Gedenksteins sowie auf der rechten Seite des Weges finden sich insgesamt vier Grabplatten für deutsche Gefallene (neben einer für einen Franzosen) und ein Grabstein.

„Albert HERMANNS, Unteroff. d. Res. im fus. Rgt. N 40, geb. in Neus, gef. am 6. Aug. 1870" [1]

„Hier ruhet bei seinen treuen Kameraden unser vielgeliebter Sohn, Bruder und Neffe Johann Peter PÜTZ[2], von Biebelhausen bei Saarburg, Gefreiter bei der 9. Komp. Hohenz. Füs. Rgt. N. 40. Er starb hier den Heldentod am 6. August 1870. Sanft ruhet seine Hülle in der Totenstille und wartend einer glorreichen Auferstehung am Jüngsten Tage"

„Heinrich SCHMIDT[3] Premier Lieutenant u. Compagnie Führer im 77. Infanterie Regiment, geb. zu Kassel am 23. Juli 1835, gefallen bei Spichern am 6. August 1870. Auf Wiedersehen"

„Franz von DAUM, Hauptmann u. Compagnie Chef im Infanterie-Regimente, geb. zu Breslau am 28 Junii 1840, gefall. i. d. Schlacht b. Saarbrück am 6 August 1870. Ruhe in Frieden" [4]

„Hier ruht in Gott Musk. KOLLMEIER 3. Comp. Inft. Regt. 55. Starb den Heldentod am 6. August 1870. Gewidmet vom Kriegerverein Kl. Rosseln Alt Glashütte"

Geschichtlicher Hintergrund:

Der Friedhof wurde 1965 infolge von Umbettungsmaßnahmen angelegt, als der Bau der Autobahn von Metz nach Saarbrücken die Auflösung und Verlegung einer 1926 an der „Goldenen Bremm" errichteten Kriegsgräberstätte erforderlich machte. Nach Renovierung durch den Volksbund Deutsche Kriegsgräberfürsorge e. V wurde er am 9. August 1998 in der heutigen Form wieder eingeweiht[5].

Quellen:

[1] VL 11: T, aus Rheidt, 6. Komp. (Schreibweise gemäß Grabplatte)

[2] VL 11: T

[3] VL 11: 9. Komp., T, Schuss d. d. Kopf

[4] VL 1: IR 77, T, Schuss in den Unterleib (Schreibweise gemäß Grabplatte)

[5] Reuter, Stefan: www.spurensuche-spichern.de

7	**Denkmal des Hohenzollerschen Füsilier-Regiments Nr. 40**

Lage:

Spicheren

Rue des Hauteurs, ca. 100 m

hinter dem Gasthaus Woll

auf der rechten Seite des Weges

Koordinaten:

49.204797, 6.969474

Aktueller Zustand und Ausschnitt aus einer zeitgenössischen Ansichtskarte

Beschreibung:

Der wuchtige Obelisk des FR 40 steht auf einem kleinen Hügel und ist über eine Treppe erreichbar. Er wurde am 6. August 1872 eingeweiht und hat, wie im Vergleich mit der alten Ansicht zu sehen, die Zeit gut überstanden. Die Widmungsinschrift auf der Vorderseite des Sockels lautet „Dem Gedaechtniss der im Feldzuge 1870-71 gefallenen Offiziere und Mannschaften des Hohenzollernschen Füsilier-Regiments No. 40 widmet dieses Denkmal auf dem Schlachtfelde von Spichern das Offizier-Corps".

Auf der linken Sockelseite sind die Schlachtenorte des Regiments aufgelistet:

„Das Regiment kaempfte in folgenden Schlachten, Gefechten und Belagerungen:

1. Vorpostengefechte vor Saarbrücken vom 18.7. – 2.8.1870 (heute unleserlich, gemäß Lattorf, v., Arthur: S. 27), 2. Gefecht bei Saarbrücken am 2. August 1870, 3. Erstürmung der Spicherer Höhen am 6. August, 4. Schlacht bei Gorze am 16. August, 5. Schlacht bei Gravelotte am 18. August, 6. Cernierung von Metz vom 18. August – 27. Oktober, 7. Schlacht bei Amiens am 2. November, 8. Beschiessung der Citadelle von Amiens am 29. Nov., 9. Schlacht bei Hallue am 23. und 24. Dezember, 10. Schlacht bei Bapaume am 3. Januar 1871, 11. Belagerung von Peronne 6.- 10. Januar, 12. Recognocs. Gefecht bei Tincourt am 12. Jan., 13. Recognocs. Gefecht bei Vermans am 17. Jan., 14. Schlacht bei St. Quentin am 19. Januar."

Auf der rechten Sockelseite stehen die Namen der gefallenen Offiziere des Regiments (siehe unten).

Vor dem Denkmal wurde 1993 durch den Volksbund Deutsche Kriegsgräberfürsorge e.V. ein kleiner Gedenkstein aufgestellt, der den Weg nach General v. Francois benennt: „Chemin du Général Bruno von FRANCOIS tombé à Spicheren le 6/8/1870."

Geschichtlicher Hintergrund:

Das FR 40 gehörte zur 32. Infanterie-Brigade in der 16. ID (VIII. AK) und hatte mit dem II. Batl. zum Kontingent des Majors von Pestel gehört, dem die Verteidigung der Stadt Saarbrücken oblag. Im Laufe des Nachmittags des 6. August 1870 nahm das Regiment beim Sturm auf den Roten Berg teil. Es hatte dabei Verluste von 64 Toten, 368 Verwundeten und 61 Vermissten zu beklagen[1].

Namen der Gefallenen:

„Es starben den Heldentod mit Gott für Koenig und Vaterland

Hauptmann von SCHULZ am 6. August 1870, Premier-Lieutenant SCHROEDER am 6. August, Premier-Lieutenant DETERT am 6. August, Sec.-Lieutenant der Reserve FUEHLING am 6. August, Sec.-Lieutenant der Reserve KRAMER am 6. August, Oberst Freiherr von EBERSTEIN am 6. August, Hauptmann Freiherr von BLOMBERG am 16. August, Hauptmann GRUNDNER am 16. August, Sec.-Lieutenant von GLASENAPP am 16. August, Sec.-Lieutenant der Reserve GASS am 16. August, Sec.-Lieutenant der Reserve STOECK am 3. Jan. 1871, Vice-Feldwebel GRAF am 3. Januar, Oberst-Lieutenant von HOLLEBEN am 19. Januar, Sec.-Lieutenant der Reserve HERMENS am 19. Januar und 165 Unteroffiziere und Mannschaften[2]"

Quellen:

[1] Engel: a.a.O., S. 108

[2] Engel beziffert die Gefallenen des Feldzugs mit 12 Offizieren und 125 Unteroffizieren/Mannschaften (bei insges. 772 Verwundeten und 117 Vermissten), a.a.O., S. 38. Ein weiteres Beispiel deutlich voneinander abweichender Verlustzahlen in unterschiedlichen Quellen.

8 — Denkmal des Niederrheinischen Füsilier-Regiments Nr. 39

Lage:
Spicheren

Rue des Hauteurs,

ggü. Denkmal FR 40

Koordinaten:
49.205069, 6.969544

Aktueller Zustand und zeitgenössische Ansichtskarte

Beschreibung:

Gegenüber dem Denkmal des FR 40 steht auf der anderen Seite des Weges direkt am steilen Abhang des Berges das 1871 errichtete Denkmal des FR 39. Bis auf den Bronzeadler, der die Spitze der Säule krönte (siehe alte Ansichtskarte) und zu einem unbekannten Zeitpunkt demontiert oder zerstört wurde, ist es gut erhalten. Die ursprünglichen massiven Steinpfosten der Kettenumzäunung wurden später gegen schlanke Metallpfosten ausgetauscht.

Die Widmung auf der Vorderseite des Sockels lautet: „Zum ehrenden Andenken an die im Feldzuge gegen Frankreich 1870-1871 gefallenen und an ihren Wunden gestorbenen Officiere und Mannschaften des Niederrheinischen Füsilier-Regiments No. 39 errichtet von dem Officier Corps dieses Regiments". Namenstafeln auf den drei anderen Seiten des Sockels listen die Gefallenen der drei Bataillone auf (siehe unten).

Geschichtlicher Hintergrund:

Das FR 39 gehörte zur 27. Infanterie-Brigade (Generalmajor v. Francois) in der 14. ID. Das Regiment war am Vormittag des 6. August 1870 im Verband der 14. ID in Saarbrücken eingetroffen und von dort aus direkt weiter zum Angriff auf die französischen Stellungen angetreten: das III. Bataillon gegen den Stiringer Wald, die beiden anderen Bataillone (ohne 9./FR 39) längs des Repperts- und des Winterbergs gegen den Stiftswald.

Die Verluste des 6. August 1870 betrugen 158 Tote, 419 Verwundete sowie 78 Vermisste[1].

Quellen:

[1] Engel: a.a.O., S. 108. Diese Angaben decken sich mit der Verlustliste der Regimentsgeschichte, siehe Rintelen, Wilhelm: Geschichte des Niederrheinischen Füsilier-Regiments Nr. 39 während der ersten fünfundsiebenzig Jahre seines Bestehens 1818 bis 1893, Berlin 1993, Anlage 4

Namen der Gefallenen:

Rechte Seite

„I Bataillon, Treffen bei Saarbrücken 6 Aug. 1870: Major und Bat. Comm. Karl von WICHMANN, Prm. Lieut. Werner v. BEAULIEU, Offdienstth. Uff. Karl SPIECKER

1 Compagnie: Sgt. Max LEIST, Uff. Otto ELGEM, Gefr. U. HORN, Karl BREUHAN, Füsiliere Aug. BOBE, Heinr. BODENHEIM, Otto ERBSLÖH, Heinr. FRESE, Bernh. STARP, Ferd. STEINS, Jos. SENGER

2 Compagnie: Gefr. Heinr. CASPERS, Friedr. DRUPP, Georg GIESENKIRCHEN, Karl HEDTMANN, Füsiliere Heinr. BÖCKER, Herm. BECKER, Georg DAUSENER, Franz ESSLING, Gust. HEINECKE, Wilh. JACOBS, Ant. LÜNINK, Casp. LAERBERG, Gust. LINDEMANN, Bernh. ROHLING, Jos. SCHENUIT, Wilh. STAEBENER, Karl STOEKEI, Bernh. TENDAHL

3 Compagnie: Feldw. Gust. KLEMMT, Uff. Walther WIEGMANN, Gefr. Gust. RINOW, Max SEEL, Heinr. SCHUH, Füsiliere Heinr. BARTZ, Aug. BÜCHTER, Heinr. ESCHRICH, Adolph BECKMANN, Joh. RITTERSWÜRDEN, Franz STENDERS, Joh. SCHAEFERS, Wilh. SCHOPPMANN, Herm. UNGERMANN

4 Compagnie: Sgt. Karl PAASCH, Gefr. Andr. BEHRENS, Füsiliere Karl BUTZMÜHLEN, Jos. BÖCKLER, Karl KERICKHAUSS, Ant. MARKERS, Wilh. NOTHEN, Pet. PANNE, Aug. SCHENKING, Einj. Freiw. Walther WÜLFING

Schlacht bei Gravelotte 18 Aug. 1870: Hauptm. u. Chef 3 Comp. Carl Graf v. STOSCH

2 Compagnie: Füsiliere Karl EICKHOLT, Math. THELEN

3 Compagnie: Gefr. Herm. PANTHALER, Füsiliere Theod. RAGGENDORF, Herm. STRAUSS, Karl TILLY

4 Compagnie: Uff. Friedr. KUNNEMEYER

Vorpostengefecht bei Ars-Laquenexy 4 Oct. 1870

1 Compagnie: Gefr. Pet. LUPERTZ"

<u>**Rückseite**</u>

„**II Bataillon, Treffen bei Saarbrücken 6 Aug. 1870:** Hauptm. u. Chef der 7 Comp. Franz MUDRACK, Prem. Lieut. Constantin v. WINDISCH, Sec. Lieut. der Landwehr Friedr. MORGENROTH

5 Compagnie: Sgt. Franz SCHAFER, Uff. Jac. BARNSTEIN, Gust. LÜDORFF, Füsiliere Wilh. BRETTNER, Gottl. DAHLKE, Heinr. DORN, Carl GELDMACHER, Franz GRAWE, Friedr. HÜTTEMANN, Franz RÜTSCHILLING, Wilh. SCHRAMM, Wilh. SCHUMACHER, Joh. SIMON, Theod. VOLMER, Heinr. VORNEBERG, Pet. WIGGE, Jac. WINTZEN, Albert ZAPP, Jos. WESSELBAUM

6 Compagnie: Uff. Theod. NIEHUES, Nikol. BOUS, Wilh. ZIMMERMANN, Gefr. Richard REINSHAGEN, Wilh. WALLBRECHT, Füsiliere Ant. ANGEKORT, Bernh. DECKERS, Joh. FRENZLER, Friedr. HOSS, Franz HOLLE, Edelbert vom SCHEIDT, Franz SCHULTES, Friedr. STADELMANN, Aug. TACKENBERG, Friedr. WAGENER, Christian WIEGERS, Joh. WIEMERS

7 Compagnie: Sgt. Albert JUNKER, Uff. Heinr. LEWE, Friedr. ERK, Otto GRESSARD, Reinhold WILMS, Gefr. Phil. OBER, Füsiliere Jos. DORKES, Heinr. FELDMANN, Friedr. KONTERMANN, Wilh. LANKO, Aug. RICHTER, Aug. SONNENSCHEIN, Friedr. TONIS, Heinr. vom ENDE, Aug. WILMS

Schlacht bei Gravelotte am 18 Aug. 1870: Offdienstth. Vice Feldwebel Admet MÜHLINGHAUS

8 Compagnie: Sgt. Jos. WOLFF, Füsiliere Gust. BECKER, Aug. DICKGRABER, Theod. GUMMERSBACH, Wilh. HERMANNS, Wilh. ILLNER, Pet. KLÖCKNER, Joh. MARKS, Aug. OVERBECK, Heinr. STEFFEN, Gerh. VERHUVEN, Gust. VOGELHAUPT"

<u>**Linke Seite**</u>

„**III Bataillon, Treffen bei Saarbrücken 6 Aug. 1870:** Prem. Lieut. u. Führer 12 Comp. Herm. MEINECKE, Sec. Lieut. Fritz VAUPEL, Sec. Lieut. d. Res. Carl SCHMITZ

9 Compagnie: Sgt. Heinr. FALKENRECK, Uff. Heinr. WIEMANN, Gefr. Aug. HASSELHORST, Heinr. KUCKE, Füsiliere Ludw. GIERHAKE, Wilh. JOHANNING, Carl KLOHN, Engelb. van de LOO, Theod. OLPS, Heinr. POTTGIESSER, Bernh. SCHNEIDER, Bernh. WÖHLER

10 Compagnie: Feldw. Jos. PINKWART, Gefr. Carl HILDESSEN u. Ludw. RIEPELMEYER, Füsiliere Joh. AMBERG, Friedr. BROCKUSS, Gottfr. FLACHMANN, Friedr. GAPP, Heinr. NIEMANN II, Martin WALKENBACH, Lazareth-Gehülfe Herm. VOLLMER

11 Compagnie: Uff. Christ. SCHOOF, Gefr. Theod. HESTERBERG, Tillm. HÖFKEN, Ad. SCHARRENBERG, Heinr. SCHÜRENHOFER u. Jos. WEINRICH, Füsiliere Heinr. BREMKAMP, Wilh. FELS, Joh. GÜNTHER, Wilh. GEISTHARDT, Balth. HANSWILLE, Heinr. HARTING, Gent. KNOST, Heinr. KASPER, Ant. LANGHAMMER, Herm. PIEPENBROCK, Heinr. ROMER, Joh. SCHWEITZER, Pet. SELBACH, Bernh. SCHLEKING, Franz SOLINUS, Dietr. SELZER, Jos. TROJA, Aug. WILDHAGEN, Carl WAYMANN

12 Compagnie: Gefr. Wilh. HELMICH u. Wilh. KOTTERHEIDT, Füsiliere Ferd. BEE, Heinr. BERGMANN, Joh. BLOTENBURG, Wilh. EINFELD, Hein. COBELSMANN, Herm. KOCK, Heinr. KUCK, Friedr. OPPEL

Schlacht bei Gravelotte 18 Aug. 1870

9 Compagnie + 10 Compagnie + 11 Compagnie: Füsiliere Adolph JACOBS + Friedr. STEFFEN I + Heinr. MEINSEN

Vorpostengefecht bei St. Thiebault 23 Sep. 1870

9 Compagnie: Füsl. Wilh. DUHRMANN

Gefecht bei Etuz 21 Janr. 1871

9 Compagnie + 10 Compagnie + 11 Compagnie: Füsl. Theod. SCHÜTTE + Richard KEMPER + Gefr. Carl HEINHAUS"

9   Denkmal des 5. Brandenburgischen Infanterie-Regiments Nr. 48

Lage:

Spicheren

Auf dem Plateau des
Nordosthangs des
Roten Berges

Koordinaten:

49.207768, 6.972979

Aktueller Zustand und
zeitgenössische Ansichtskarte

Beschreibung:

Weitgehend unbeschadet hat das Denkmal des IR 48 seit seiner Einweihung im Jahr 1896 die Zeit überstanden. Auf einem gemauerten Plateau erhebt sich der mächtige Sockel, überragt von einer übermannsgroßen Fiale, deren Spitze ursprünglich von einem Eisernen Kreuz gekrönt war. Das Regiment hat auf den Bronzetafeln ähnlich dem FR 39, aber im Gegensatz zu vielen anderen die Namen aller Gefallenen und nicht nur die der Offiziere festgehalten.

Eine mehrstufige Treppe führt zu dem mit schönem schmiedeeisernem Zaun umgebenen Denkmalbereich.

Geschichtlicher Hintergrund:

Das IR 48 gehörte zur 9. Infanterie-Brigade (5. ID, III. AK, II. Armee) und traf zusammen mit anderen Verstärkungen im Laufe des Nachmittags des 6. August 1870 auf dem Schlachtfeld ein. Es kämpfte auf dem linken Flügel am Roten Berg und Giffertwald. Die Verluste betrugen 66 Tote, 470 Verwundete und 36 Vermisste[1].

Quellen:

[1]   Engel: a.a.O., S. 108

Namen der Gefallenen:

Vorderseite

„Vom Infanterie Regiment von Stülpnagel 5. Brandenburgischen No. 48 starben den Heldentod 1870-1871

Oberst Eduard von GARRELTS – Vionville, Major Oscar von KLINGUTH – Spichern, Karl SCHAER – Vionville, Otto von SCHMIEDEN – Mazange, Hauptm. Adolph WERNER – Spichern, Paul GROSS – Spichern, Kurt von KRACHT – Spichern, Leo von REXIN – Spichern, Prm.Lt. Edmund GRAFFUNDER – Vionville, Hugo von der OELSNITZ – Vionville, Johannes SPRINGBORN – Parigné, Sec.Lt. Albert BUCHARD – Vionville, Richard VOSS – Spichern, Karl PHILIPPI – Vionville, Herm. Frh. v. FALKENHAUSEN – Spichern, Albrecht KUND – Spichern, Bernhard PASSOW – Parigné, P.Fähnr. Alexander v. RANDOW – Spichern, V.Feldw. Ernst BÜCHSLER – Vionville, Wilhelm LÄMMCHEN – Vionville, Franz WAGNER – Mt. Barrois.“

Rückseite:

„Spichern

1. Comp. Gefr. Rud. NIMMROSE, Musk. Wilh. GROTHE, Aug. HARTWIG, **2. Comp.** Musk. Karl TAPPE, Wilh. WERLOW, **3. Comp.** Untoff. Friedr. LORENZ, Gefr. Friedr. SIEBERT, Musk. Karl DECKERT, Ernst PATSCHKER**, 4. Comp.** Gefr. Heinr. BOEHME, Musk. Max HARLÄNDER, Wilh. SCHULZ 3, Emil WEICHELT, **5. Comp.** Untoff. Otto LOFFLER, Karl REIMANN, Reinh. HIRCHE, Aug. LEESKE, Friedr. ZEIDLER, Tamb. Karl MÜLLER, Gefr. Mart. GEHRMANN, Wilh. NEUMANN 1, Aug. BENZ, Christ. MIETHE, Jul. GRAEBERT, Friedr. GENSKE, Christ. VIER, Musk. Herm. KURTH, Paul RAVENE, Christ. REGIN, Jul. MEYER, Jul. BAHR, Friedr. BUSSE, Jul. DUWE, Wilh. WELK, Reinh. SCHULZ 5, Ernst SCHMIDT 2, Karl MÖGLIN, Franz WENZEL, Wilh. SPÖRNER, Aug. PIETHE, Ferd. KRESSNER, Karl HUMBRECHT, Friedr. MOLL, Joh. BAHNEMANN, Wilh. KLAHM, Friedr. CONRAD, Wilh. LEHMANN 4, Karl SCHROEDER 2, Theod. WILKE, **6. Comp.** Serg. Friedr. AMM, Aug. SAEBERT, Gefr. Ernst WINKELMANN, Aug. SCHMAH, Karl KRAFT, Musk. Karl KÜHL 1, Aug. SCHWARZ 1, Karl KUPPROW, Karl GRUNOW, Aug. ORTHEBER, Adolph WEGNER, Karl FRIEDRICH 1, Ludw. WILSKY, Karl RAABE, Herm. LIEBSCH 1, Karl MÜLLER 2, **7. Comp.** Gefr. Dan. STROHBUSCH, Wilh. BELLING, Musk. Karl ULBRICHT, Karl SCHLABRITZKY, Karl KÜHN, **8. Comp.** Serg.

Gust. SCHMALZ, Karl EBEL, Gefr. Rud. EDER, Lamp. HEYN, Musk. Friedr. SCHULZ 6, Karl LANGE 1, Aug. SCHMIDT 4, Friedr. STRAEMEL, Heinr. WEGENER, Emil LEININGER, Friedr. KÜHL, **9. Comp.** Untoff. Otto NERENZ, Aug. KLAWE, Ferd. KATZORKE, Christ. BRAATZ, Füsil. Christ. WACHNER, Karl HUMBRECHT, Friedr. HERRWARDT, Heinr. SCHNEIDER, Aug. DIETRICH, Karl GENK, Friedr. STREHL, Christ. GOLZ, Joh. WALLERT, Jos. SCHMÜCKE, Friedr. FINDER, Friedr. HEIDELBERG, **10. Comp.** Untoff. Gust. LÜCK, Gefr. Friedr. DICOMY, Friedr. SCHULZ, Füsil. Joh. WALTHER, Karl HEINEMANN, Eduard HARTWIG, Jul. MELCHERT, Friedr. RUNGE, **11. Comp.** Untoff. Emil SCHMIDT, Karl SCHIEPE, Wilh. SASSE, Gefr. Mart. JACOB, Füsil. Joh. MÜLLER, Karl BEHREND, Joh. ROSTIN, Joh. BÖLK, Eduard BOLDT, Franz KIEHL, Joh. BERNSEE, **12. Comp.** Feldw. Albert FISCHER, Serg. Ferd. HEISE, Untoff. Ferd. BUMKE, Gottf. SCHÄFER, Gefr. Heinr. KUBLER, Gottf. KUNKEL, Gust. LUTZ, Gottl. HÜHNERFUSS."

Linke Seite:

„Vionville

1. Comp. Gefr. Friedr. FROHLOFF, Wilh. FISCHER, Jul. KURZWEG, Karl BRÜNING, Einj. Frw. Arthur NIECZKOWSKI, Musk. Herm. HAMANN, Aug. ZEIDLER 1, Jul. JAHN, Aug. HAASE, Joh. HENSEL 1, Karl ALTWASSER, Joh. HERFURTH, Friedr. BUDACK, Ludw. SCHÖNROCK, Karl SCHMOLLING 2, Franz REDEMANN 2, Wilh. GRUNZKE, Friedr. KIESELING, Karl HEITER, Ferd. KRÜGER, Louis SCHNITGER, Wilh. SCHRECK, Wilh. PREISS, Herm. PAUL, Reinh. VÖLKER, **2. Comp.** Serg. Martin STIELKE, Untoff. Heinr. EITNER, Berth. GRÜTKE, Gefr. Alb. KLUG, Ernst PIPER, Rob. FALBE, Wilh. KÖBKE, Karl GÖRSCH, Albert ROSENTHAL, Herm. GEHRKE, Franz BRECHLIN, Friedr. ENGELMANN, Christ. GRIESE, Karl ROHRBECK, Friedr. KEIBEL, Friedr. KOPLIN, Wilh. OBITZ, Gottl. SCHULZ 6, Musk. Sam. ABRAHAM, Aug. BADROW, Wilh. NOSKE 1, Jul. GANG, Wilh. SCHMIDT 1, Ernst KÖPPKE, Friedr. SÜNDER, Heinr. PEGE, Gottl. KELM, Karl REX, **3. Comp.** Untoff. Wilh. BADING, Gefr. Rüd. PFEIFFER, Friedr. BUCHHOLZ, Joh. SCHÖFFEL, Ferd. LACHNER, Musk. Jul. JAMRATH, Ferd. WERNICKE, Aug. RAMM, Karl WEIHER, Herm. TIETZ, Alb. GERLACH, Jul. KALISCH 1, Ernst VOLCHERT, Karl SCHNEIDER, Aug. BENSCH, Karl WILKE, Aug. PAHL, **4. Comp.** Untoff. Joh. BEYER, Musk. Ferd. DIETRICH, Karl NEUMANN 1, Gust. RENNER 2, Karl HENSCHKE 3, Aug. ZIMMERMANN, Wilh. TOPP, **5. Comp.** Musk. Aug. FEHLING, Albr. LÖFFLER

1, Gust. KAPPHAMMER, Aug. SCHWIECK, Wilh. STREESE, **6. Comp.** Untoff. Herm. EHRENBERG, Gefr. Heinr. HEIDEMANN, St. WALENTOWSKI, Musk. Fritz MÖNKE, Mart. THORAK, Christ. KRÜGER, Franz JAHNKE, **7. Comp.** Serg. Gust. MÜLLER, Gefr. Joh. KRAUSE, Musk. Wilh. NIENASS, Gust. PAHL 2, Wilh. RAABE, Wilh. SCHIRMER, Wilh. SCHULZ 2, Ernst THOMAS 1, Karl ORTEL, Karl PLAGE, Karl BÖSE, Joh. CHEFS, Wilh. ENDE, Friedr. FALKENBERG, Mart. GEBERT, Herm. GRASSE, Aug. JACKE, Joh. BLUMBERG, Karl KRÜGER 2, **8. Comp.** Serg. Heinr. SCHULZ, Gefr. Heinr. KLEEMANN, Joh. LOSANSKY, Musk. Aug. KRÜGER 1, Wilh. SCHMOLDT 1, Wilh. HAARBRANDT, Joh. SCHULZ 5, Aug. ZUNK, Ludw. KRAUSE 2, Joh. WOJOCECK, Joh. SCHLÖSSER, Franz KNOLL, Aug. WINNIG, Mart. KOLBERG, Friedr. KRAUSE 1, **9. Comp.** Serg. W. STRAHLENDORFF, Gefr. Ludw. PANKNIN, Reinh. BRÜHL, Füsil. Jul. FECHNER, Edm. TROMPETER, Gust. FENSKE 1, Karl FENSKE 2, Jos. GENG, Friedr. HABERMANN, Gust. KUSCHY, Heinr. PREUSSE, Joh. SCHNEIDER, Joh. SCHULZ 2, Karl ZERBE, Friedr. RUCKS, Aug. HERRWARTH, Heinr. JOHLKE."

Rechte Seite:
„Forts. Vionville
9. Comp. Füsil. Mart. NICKEL, Franz KELM, Joh. SCHUSTER, Ernst KULICKE, Aug. VERCH, Friedr. SOMMER, Friedr. WÜRGER, Karl PARTHIE, Christ. GÜNTHER, Joh. GIELER, Friedr. STORCH, Joh. SÄWERT 2, Rud. JUHR, Karl ROTTKE, **10. Comp.** Gefr. Friedr. KLINGSPORN, Füsil. Friedr. MÖRKE, Emil CHOLDITZ, Joh. DÄHNE, Ludw. HASSFORTH, Aug. PRÜGEL, **11. Comp.** Untoff. Friedr. RÖSLER, Gefr. Theod. BREILAG, Füsil. Karl SCHMIDT, Joh. ROSENTHAL, Aug. EFINGER, Karl GUTKE, Otto LÜBECK, Friedr. STEIN, Wilh. HILLER, Ludw. GENZ, Rüd. SCHELLERT, Mart. SCHULZ 7, Friedr. MUTH, Ernst BECKER, **12. Comp.** Untoff. Heinr. WOHLFEIL, Gefr. Franz LUDE, Füsil. Karl BARSCH, Jul. DEH, Friedr. FAHRWALD, Wilh. FREUND, Joh. GADE, Friedr. HAUPT, Jul. HEFT, Christ. KAYSER 1, Karl MEYER 2, Jul. NIERESEL, Joh. WEINBERG, Wilh. WERNICKE.

Bellevue Woippy
1. Comp. Serg. Ernst KRANIG, Musk. E. STÜRZEBECHER, Ludw. MELCHER, Louis SCHLEICH, Aug. WANNICKE, Alb. PICHT, Wilh. SCHULZ 1, **3. Comp.** Untoff. Wilh. STREHMEL, Musk. Louis NIELSEN, Christ. BLOCK, Wilh. KRAFT, Alb. QUADE, **4.**

Comp. Musk. Jul. PRANGE 2, Heinr. SCHULZ 4, **5. Comp.** Untoff. Karl JAHN, Gefr. Stanisl. SARBLACK, Einj. Frw. Kurt RIBBENTROP, Musk. Karl LESCHKE, Wilh. HERST, Christ. BUSCH, Franz WERCK, Adolph WITTCHE, Wilh. SCHNEIDER 2, Karl NEUDECKER, Karl MARQUARDT, Karl WITZORKY, Joh. HALLMANN, Joh. BLAUERT 2, Ludw. SCHUBEL, **6. Comp.** Musk. Heinr. SÄNGER, Ludw. BAENSCH, **11. Comp.** Füsl. Ludw. HEDDER, Aug. LEHMANN 4.

Montbarrois

5. Comp. Musk. Aug. VOIGT, Ernst FRIEDRICH, **6. Comp.** Gefr. Wilh. FLIEGNER, Musk. Karl RÖSTEL, **8. Comp.** Musk. Herm. DUNKEL, Wilh. MEYER.

Montliard. Orléans. Chézy. Gien.

1. Comp. Hautb. Untof. Ernst NAUL, **2. Comp.** Musk. Otto GÄRTNER, Karl KRANICH, **4. Comp.** Musk. Aug. SCHULTZ, Emil FISCHER, **6. Comp.** Musk. Aug. KIRSCHMEIER, **7. Comp.** Musk. Aug. DREWS, **9. Comp.** Serg. Karl TRIEST.

Mazange

1. Comp. Musk. Karl KÖHLER, **2. Comp.** Musk. Friedr. HOFFMANN, Karl DOBBERKE, **3. Comp.** Feldw. Karl MÜLLER, Musk. Joh. KINZE, Joh. HERZKE, Wilh. TEMPELHAIN, Joh. FAUSTMANN, **4. Comp.** Musk. Aug. BLÜMKE, Wilh. BIENE, Alb. TIETZ, Joh. SCHMIDT 1, **6. Comp.** Musk. Gottl. BÖHM, **7. Comp.** Musk. Karl SPERLING, Gust. KNY, Wilh. KLAUS, **8. Comp.** Gefr. Gottl. STENZEL, **10. Comp.** Füsil. Karl HEILING, **11. Comp.** Füsil. Joh. LÜCK, Wilh. THEWALD.

Le Mans

1. Comp. Gefr. Wilh. MANSKE, Einj. Fw. Otto BÖTTICHER, Musk. Ferd. LANGE 1, Karl STRAUCH 2, Karl WALTER, Wilh. SCHULZ 2, **4. Comp.** Serg. Friedr. TRIEST, Gefr. Aug. WIRTH, Musk. Aug. WEISSMANN, Eduard RENNER 1, Rob. LAMMICH, **6. Comp.** Musk. Karl RETSCHAG, Joh. GEISELER, **9. Comp.** Füsil. Joh. BUCHWALTER, Adolph KELLER, Wilh. WICKERT, Jacob MICHEL, **10. Comp.** Füsil. Heinr. HALBBAUER, Alb. EWIGHAUS, Aug. HERTEL, **11. Comp.** Mart. FELDBINDER.“

Lage:

Spicheren

Am unteren Vorsprung

des Roten Berges

Koordinaten:

49.208953, 6.972371

Beschreibung:

Am nordwestlichen unteren Vorsprung des
Roten Berges befindet sich ein Friedhof für
Gefallene des Füsilier-Bataillons des IR 74.
Er war 1902 vom Offizierskorps des
Regiments angelegt worden, nachdem
dieses das Gelände mit den Gräbern
angekauft hatte.

Aktueller Zustand und zeitgenössische
Ansichtskarte

Jeweils 24 Soldaten der 9., 11. und 12. Kompanie[1] ruhen in drei großen, mit Steinen
eingefassten Gräbern. Jedes Grab trägt ein gusseisernes Grabdenkmal in Form eines
Eisernes Kreuzes mit der Inschrift „Hier ruhen die bei Erstürmung dieser Höhen in
treuer Pflichterfüllung gefallenen Soldaten der 9. (bzw. 11., 12.) Kompagnie 1. Hann.
Infanterie-Regts. Nr. 74". Zusätzlich stehen am Kopfende der Gräber gusseiserne
Kreuze mit der Inschrift „6. Aug. 1870".

Dittrich[2] und Lattorf[3] erwähnen zudem eine auf einem der rechts gelegenen Gräber
vorhandene Marmortafel mit der Inschrift „August MIDDENDORF[4] geboren in Hamm
a. d. Lippe am 3. August 1846 starb den Heldentod am 6. August 1870. – Ich hab
für diesen Fels bis in den Tod gestritten."

Gegenüber, nur wenige Schritte entfernt weiter den Hang hinauf, liegt ein weiteres
Sammelgrab des IR 74. Eine steinerne Gedenktafel bedeckt in der von einem

89

schmiedeeisernen Zaun umgebenen Grabstätte die sterblichen Überreste der hier gefallenen Offiziere des IR 74.

Die Inschrift lautet „Hier ruhen in Gott die Tapferen des 74. Regiments Hauptmann OLOFF, Prem. Leut. LEHMANN, Sek. Leut. GRUNEWALD, Port. Fähnr. CLAUSEN, BARING und von GERICKE gefallen an dieser Stelle den 6. August 1870. Friede ihrer Asche."

Rechts daneben befand sich laut Dittrich ein weiteres, nur mit einem einfachen Kreuz mit der Inschrift „6. August 1870" geziertes größeres Grab.

Quellen:

1) Die Gefallenen der 10. Komp. waren weiter unten am Fuß des Roten Berges bestattet und zusammen mit anderen Toten von dort am 30. April 1890 nach dem Ehrental überführt und dort in einem Sammelgrab für 83 Soldaten beigesetzt worden (Zur Nedden: a.a.O., S. 121)

2) Dittrich, Max: a.a.O., S. 34

3) Lattorff, v., Arthur.: a.a.O., S. 18

4) Laut VL 21 fiel der Gefreite August Stephan Wilhelm Middendorf von der 10. Kompanie am 18. August 1870 bei Gravelotte, offensichtlich eine fehlerhafte Eintragung in der Verlustliste.

11 — Denkmal des 1. Hannoverschen Infanterie-Regiments Nr. 74

Aktueller Zustand und zeitgenössische Ansichtskarte

Lage:
Spicheren

Am NW-Hang des

Roten Berges

Koordinaten:
49.208166, 6.972019

Beschreibung:
Bis auf stärkere Verwitterungsbeeinträchtigungen, insbesondere bei der Namensbeschriftung, hat das 74er-Denkmal die Zeit gut überstanden: ein schmiedeeiserner Zaun umgibt den hohen, schlanken Obelisken auf dreistufigem Postament. Weiße Steintafeln an den Seiten des Sockels tragen die Namen der Gefallenen des Regiments (siehe unten).

Das Denkmal wurde am 6. August 1871 hier direkt an der Hangkante eingeweiht.

Geschichtlicher Hintergrund:
Das IR 74 bildete mit dem FR 39 die 27. Infanterie-Brigade (14. ID, VII. AK). Am 6. August 1870 versuchte das F./IR 74, die Hänge des Roten Berges zu stürmen, während das II./IR 74 und drei Kompanien des I./FR 74 auf dem rechten Flügel gegen den Stiringer Wald vorgingen. Die Angriffe auf beiden Flügeln wurden zunächst von den zahlenmäßig überlegenen französischen Truppen zurückgeworfen, erst am Abend gelangen zusammen mit anderen Einheiten erneute erfolgreiche Vorstöße. Die Verluste der beiden Regimenter der 27. Brigade waren die höchsten auf deutscher Seite. Allein das IR 74 verlor nach Engel 153 Tote, 486 Verwundete und 60 Vermisste[1].

Namen der Gefallenen:

Vorderseite:

„Seinen auf den Schlachtfeldern 1870/71 ehrenvoll gefallenen Kameraden – das Offiziercorps des 1. Hannoverschen Infanterie-Regiments Nr. 74

Es starben den Heldentod Hptm. OLOFF, Pr.Lt. LEHMANN, Sek.Lt SCHRÖDER, SCHNACKENBERG II, GRUNWALD, LUX, SCHAYER, Port.Fähnr. BARING, CLAUSEN, v. FÖLKERSAMB, Vicefeldw. ÜBERHORST."

Rechte Seite:

„**I. Bataillon, 1. Compagnie:** Sergeant KLUG, Unteroffiziere: SPINDLER, von NORMANN, BERNHARDT, Musketiere: BÖSMANN, ENGELKING, FÜHRLOCH, EGBERT I, HEISE, MEYER, POPPE, SCHERMER, BROKRAMP, **2. Compagnie:** Unteroffizier BÖRSTINGHAUS, Musketiere: HAGEMANN, KATHER, KEHL, KRUMMWIEDEL, MÜLLER III, REBENSBURG, MÜHLENFELD, MENKE, **3. Compagnie:** Musketiere: BRUHNS, KOLB, WINSHEIM, GRAVE, FRENSEL, **4. Compagnie:** Unteroffiziere: BECKER, RUSSWINKEL, BERGMANN, Gefreite: BAND, SCHWEINEBART, Musketiere: ROTHSCHILD, BEHRENS, STEDING."

Linke Seite:

„**II. Bataillon, 5. Compagnie:** Unteroffizier SCHULZ, Musketiere WILKENS, BRÜGGEMANN, STRUBBERG, WÖHLER, SCHUITENWERTH, **6. Compagnie:** Musketiere BERGEN, GIESEKIND, MÖRITZ, VOGEL, PIEP, SCHÄFER, **7. Compagnie:** Musketiere BIERMANN, KUJATH, PLÜMER, HEEMANN, WERRIES, **8. Compagnie:** Sergeant MUHS, Gefreiter NEUBAUER, Tambour OTTE, Musketiere STRANK, BEHREND, SCHRÖDER, PILGRIMM."

Rückseite:

„**Füsilier-Bataillon, 9. Compagnie:** Unteroffiziere: HARTMANN, SUBERG, Gefreiter NEUMANN, Füsiliere: ARENDT, BARTELS, BÜSCHER, BEYSNER II, BELLERSEN, BODE, DICKMANN, DRALLE, ERDMANN, EHRLICH, GARTMANN, GRUNDMANN, HACKENESCH, HELMS, MEYER V, MEYER VI, PAPMEYER, ROSENBAUM, TÖNE, VOGES I, FRACK, NIEMAYER I, SCHWACKE, DÜRKOB, LOHMANN, AHRENS I, MALLE, GRELLE, SCHULTE, WERTH gen. VOSS, MEYER III, **10. Compagnie:** Sergeant KIRCHNER, Unteroff. SCHÖN, SCHEEL, Gefr. HÖRGER,

JUNKER, MIDDENDORF, Füsiliere: GÜLKE, HALLE, HUPP, MEYER, BRÜNING, BISCHHOFF, ENGELCKE, EHLERS III, GEHRKE, HOLSTE, MÜHLENBRUCK, RÜTZ, REIMERDES, RÜST, SCHULZ, SCHMAEDECKE, RECKEWEG, RÖSING, DENKER, ROLFS II, DEUTZ, DITTNES, KRUSCHEL, **11. Compagnie:** Sergeant PAUL, Füsiliere: BIERHORST, PLUNDER, GOTTSCHALK, HAUENHORST, RODENBERGER, ALBERS, SCHNITTKER, BAHE, KAMPMAIER, BARENDIEK, AUBERT, BUSCHE, POHL, HEISTERHAGE, SCHÄFER, WÜSTENFELD, TATJENHORST, WARNECKE, BECKETTER, BRAKELMANN, KORDES, TEMME, **12. Compagnie:** Feldw. WERNER, Unteroff. RIEBAU, von GERICKE, Füsil. ANDERTEN, DURING, ESSMANN, HEIDER, EICKMANN, HAURAND, HANNE, HILDEBRANDT, LENKE, KÖRSEN, NÜHRING, OSTHAUS, OTTEN, WILLMANN, WITTE, BORTFELD, EMSING, MOHRMANN, MARBOLD, BOTTE.“

Quellen:

[1] Engel: a.a.O., S. 108

Lage:

Spicheren

Am NW-Hang des
Roten Berges

Koordinaten:

49.208033, 6.972097

Beschreibung:

Ein Gedenkstein aus Granit mit der Inschrift „Hier fiel am 6. August 1870 A. 4[1]. General Bruno von Francois" steht an der Stelle, an der General Bruno v. Francois beim Sturm auf die Höhen des Roten Berges am 6. August 1870 tödlich verwundet wurde. Ursprünglich war die kleine Anlage von einer Eisenkette umgeben[2].

Aktueller Zustand und zeitgenössische Ansichtskarte schon mit der eisernen Umzäunung sowie dem Denkmal und Massengräbern des IR 74 im Hintergrund

Noch vor dem 1. Weltkrieg wurde die Kette durch einen schmiedeeisernen Zaun ersetzt, der sich unbeschadet bis heute erhalten hat.

Geschichtlicher Hintergrund:

General v. Francois war Kommandeur der 27. Infanterie-Brigade. Er hatte die 9./FR 39 zur Unterstützung des dort im heftigen Feuergefecht stehenden F./IR 74 zum Sturm auf den Roten Berg geführt und war im Abwehrfeuer der Franzosen gleich von fünf Kugeln getroffen worden. Laut den Angaben von Max Dittrich[3] starb er nicht, wie u.a. die Regimentsgeschichte des IR 39[4] – vermutlich unter Bezugnahme auf das Generalstabswerk – berichtet, auf dem Schlachtfeld. Vielmehr wurde er ohne

Bewusstsein nach Saarbrücken transportiert, wo er im Schulhaus am Ludwigsplatz kurze Zeit später starb. Am nächsten Tag wurde er im Ehrental beigesetzt, wo sich sein Grab noch heute befindet (siehe Abb. 3).

Quellen:

[1] d.h. 4 Uhr am Abend

[2] Reuter, Stefan: www.spurensuche-spichern.de

[3] Dittrich, Max: a.a.O., S. 43

[4] zitiert in: Zur Nedden: a.a.O., S. 89, Fußnote 2

13   Denkmal des 2. Brandenburgischen Grenadier-Regiments Nr. 12

Lage:

Spicheren

Am NO-Hang des

Roten Berges

Koordinaten:

49.204723, 6.972016

Aktueller Zustand und zeitgenössische Ansichtskarte

Beschreibung:

Wie aus dem Vergleich des aktuellen Fotos und der alten Ansichtskarte zu entnehmen ist, hat das Denkmal all seine metallenen Verzierungen, insbesondere die Krone auf der Säulenspitze, den Adler auf der Vorderseite des Sockels sowie die schmiedeeiserne Umzäunung, im Zeitablauf eingebüßt. Lediglich Sockel, Säulenschaft und Inschrifttafeln sind erhalten geblieben.

Die Inschrift auf der Vorderseite lautet: „Grenadier Regiment Prinz Carl von Preussen (2. Brandenburgisches) Nr. 12 - Den mit Gott für König und Vaterland im Kriege 1870-71 Gefallenen, ihren Wunden u. den Anstrengungen des Feldzuges erlegenen Offizieren, Unteroffizieren u. Mannschaften gewidmet von den Offizieren, Kameraden und Freunden des Regiments."

Die Tafel auf der Rückseite des Sockels trägt die Inschrift: „Vom Grenadier Regiment Prinz Carl von Preussen (2. Brandenburgisches) Nr. 12 starben im Kriege 1870-71 den Heldentod 22 Offiziere, 38 Unteroffiziere, 468 Mannschaften."

Geschichtlicher Hintergrund:

Das GR 12 gehörte zur 10. Infanterie-Brigade (5. ID, III. AK). Das III. AK war gegen 16.00 h auf dem Schlachtfeld eingetroffen und schickte das I. und das II./GR 12 zur

Unterstützung der am Roten Berg festsitzenden und zusammengeschmolzenen Reste von FR 39 und IR 74 nach vorne. Das III./GR 12 führte später zusammen mit anderen Einheiten einen Umfassungsangriff gegen die linke Flanke der französischen Stellungen auf dem Roten Berg aus.

Am 6. August 1870 hatte das Regiment die höchsten Verluste des III. AK mit 140 Toten, 636 Verwundeten und 30 Vermissten[1].

Quellen:

[1] Engel: a.a.O., S. 108

14 | **Denkmal des 8. Ostpreußischen Infanterie-Regiments Nr. 45 und Kriegsgräberstätte am Schloss von Aubigny**

Lage:

Coincy

ca. 100 m nördlich des Château d'Aubigny

Zugang zu Fuß entlang der ehemaligen nördl. Zufahrt zum Schloss (heute durch Weidezäune teilweise abgesperrt), Parken an der D4.

(49.107855, 6.273849)

Koordinaten:

49.103821, 6.270518

Aktueller Zustand und zeitgenössische Abbildung in „Die Gartenlaube" von 1880

Beschreibung:

Auf dem ehemaligen Schlachtfeld, heute eine Viehweide, liegt eine von einer Hecke gesäumte deutsche Kriegsgräberstätte mit dem Denkmal des IR 45 sowie fünf Grabdenkmälern.

Kriegsgräberstätte

Nach den Kämpfen bei Colombey am 14. August und 31. August 1870 wurde nahe dem Schloss von Aubigny ein Friedhof mit Massen- und Einzelgräbern angelegt. Von dieser Kriegsgräberstätte haben sich noch vier Grabdenkmäler erhalten, allerdings ist nur noch eine Inschrift lesbar:

„Hier ruht unser innigstgeliebter Sohn Ernst Theodor ALFTER Lieutenant im Westfälischen Infanterie Regiment Nr. 15, geboren den 6. Mai 1848 in Coeln, gestorben den Heldentod am 14. August 1870 in der Schlacht vor Metz. Der Tod ist verschlungen in den Sieg. I. Corinth. XV. 55."

Trotz der Umbettungsmaßnahmen Ende des 19. und Anfang des 20. Jahrhunderts sind offensichtlich nicht alle der vielen Grabstellen auf Sammelfriedhöfe verlegt worden. Noch im Juni 2020 wurden bei Waldarbeiten auf dem Gelände des Schlosses von Aubigny die sterblichen Überreste von sechs unbekannten preußischen Soldaten gefunden. Diese wurden durch den Volksbund Deutsche Kriegsgräberfürsorge am 150. Jahrestag der Schlacht am 14. August 2020 auf dem Soldatenfriedhof 1870/71 von Gravelotte beigesetzt.

Denkmal IR 45

Von dem einst von einem Bronzeadler mit ausgebreiteten Schwingen gekrönten Denkmal, welches das IR 45 am 16. August 1872 auf dem Gelände der Kriegsgräberstätte einweihte, ist lediglich der kubische Sockel erhalten geblieben. Der Adler war 1925 bei einem Unwetter durch einen herabstürzenden Ast zerstört worden. Das Postament scheint im Lauf der Zeit eine Stufe verloren zu haben und auch der Sockel hat Schäden genommen: die ursprünglich auf der ersten Stufe des Postaments unterhalb des Reliefs mit dem Eisernen Kreuz aufgestellte Widmungstafel „Das Offizier Corps des 8. Ostpreussischen Infanterie-Regiments Nr. 45 seinen gefallenen Kameraden" ist ebenso verschwunden wie die Tafel mit den Namen der Gefallenen des Füsilier-Bataillons auf der linken Seite (die verbliebenen Namen des I. und des II. Bataillons sind nachstehend aufgeführt, teilweise ergänzt anhand der Verlustlisten).

Geschichtlicher Hintergrund:

Das IR 45 gehörte zur 4. Infanterie-Brigade (2. ID, I. AK). Es kämpfte am 31. August 1870 während des französischen Ausbruchsversuchs aus der Festung Metz im südöstlichen Sektor des Belagerungsrings bei Colombey und Mercy-le-Haut. Insbesondere im Bereich des Schlosses von Aubigny kam es zu heftigen Gefechten, wobei das Regiment 36 Tote, 97 Verwundete und 16 Vermisste verlor[1].

Quellen:

[1] Engel: a.a.O., S. 119

Namen der Gefallenen:

<u>Rechte Seite:</u>

I. Bataillon: Sec Lieutenant Otto WESSEL, Vice Feldwebel Franz DAHMS, Unterofficier Albert KUMBARSKI, Bernhard BAHNKE, Gefreiter Eduard HEINRICH, Heinrich GELEWSKI, Musketiere Georg HÜTT, Johann SCHWERDT, Friedrich BADE, Friedrich CZARNIECKI, Gottfried DOMKE, Johann KLEIST, Peter WISOCKI, August WEISS, Carl JAHNKE, Franz CZELINSKI, Friedrich WERNER, Friedrich BLASCHKE, Gottfried FROMM, Franz SULKOWSKI, Johann DIETZEK, Wilhelm KULLING, Johann WITZKI, Carl SCHONECK, Adolph ITALIENER.

<u>Rückseite:</u>

II. Bataillon: Major Adolph v. WEDELL, Prem Lieutenant Richard ROEPELL, Portepeefähnrich Paul RAABE, Unterofficier Albert LINDENAU, Julius BARTZ, Heinrich MINNER, Gefreiter August STIEMERT, Herman POHLKE, Caesar KUSCHMITZKI, Michael LASCHINSK, Musketiere Franz STAGNETH, Franz BLOCKUS, Johann KRAUSE, Joseph BALITZKI, Carl THAU, Johann SCHULZ, Friedrich PANNEWITZ, Julius KLATT, Heinrich LUDORF, Jacob KRAUSE.

15

Denkmal des 1. Westfälischen Infanterie-Regiments Nr. 13 und Kriegsgräberstätte im Park von Colombey

Lage:

Coincy

Neben der D4 an der Ferme de Colombey

Koordinaten:

49.107919, 6.257309

Aktuelle Aufnahmen und Ausschnitt aus zeitgenössischer Ansichtskarte

Beschreibung:

An der Ferme de Colombey befindet sich im Randbereich des ehemaligen Parks eine deutsche Kriegsgräberstätte. Diese bestand ursprünglich aus einem Massengrab, das dort unmittelbar nach den Kämpfen ausgehoben worden war.

Später wurden weitere Umbettungen Gefallener beider Nationen aus der Umgebung hierher vorgenommen. Zu Beginn der 1920-er Jahre wurden die sterblichen Überreste von rund 80 Franzosen auf andere Friedhöfe umgebettet, sodass diese Kriegsgräberstätte dann ausschließlich deutsche Gefallene der Kämpfe vom 14. und 31. August 1870 aufnahm. Im Laufe der Zeit erfolgten noch weitere Zubettungen, z.B. aus Montoy-Flaville und Nouilly, teilweise mit Verlagerung der individuellen Grabmonumente.

Heute sind zwei Massengräber (auf der alten Aufnahme sind noch die Grabkreuze zu sehen) entlang der Seiten erhalten sowie 13 individuelle Grabdenkmäler entlang der Rückseite. In der Mitte erhebt sich das imposante Denkmal des IR 13.

Denkmal des IR 13

Der 7,20 m hohe Obelisk ist mit Sicherheit eines der beeindruckendsten Denkmäler auf den Schlachtfeldern um Metz. Zwei lebensgroße Steinskulpturen beherrschen die Vorderfront oberhalb des halbkreisförmig nach vorne gewölbten Sockels. Ein Soldat, offensichtlich erschöpft oder sogar verwundet, sitzt vor einer jungen Frau, die das Land Westfalen darstellt.

Die drei anderen Seiten des Sockels tragen die Namen der Gefallenen des Regiments (siehe unten). Insgesamt ist das Denkmal, nicht zuletzt aufgrund behutsamer Restaurationen, in einem sehr guten Zustand. Lediglich der rechte Arm der Westfalia, den sie mit einem Eichenzweig als Zeichen des Sieges triumphierend hochgestreckt hatte, ist nach 1918 ebenso verschwunden wie das Gewehr des Soldaten.

Am 14. August 1895 wurde das Denkmal im Zentrum der kleinen Kriegsgräberstätte eingeweiht.

<u>Geschichtlicher Hintergrund</u>

Das IR 13 gehörte zur 25. Infanterie-Brigade (13. ID, VII. AK) und kämpfte am 14. August 1870 bei Colombey. Gegen 17.30 h traf es zusammen mit dem FR 73 zur Unterstützung der an der „Totenallee" in Bedrängnis geratenen 26. Infanterie-Brigade ein.

Die Verluste des Regiments an diesem Tag betrugen 77 Tote, 198 Verwundete und 10 Vermisste[1].

Masssengräber

Auf beiden Seiten des Denkmals liegt je ein langgestrecktes, mit Dauergrün bepflanztes Massengrab. Im rechten Grab ist ein Grabstein mit der Inschrift „Albert HERBERZ[2] aus Uerdingen a. Rh., Oberförster Kandidat und Unteroffizier d. Reserve im Hannoverschen Füsilier Regt. Nr. 73. Gefallen 14. VIII. 1870" verblieben.

Die Massengräber bergen ausschließlich die sterblichen Überreste deutscher Soldaten, die genaue Anzahl ist nicht bekannt.

Grabdenkmäler

Nachfolgend werden die 12 individuellen Grabdenkmäler im rückwärtigen Bereich der Anlage beschrieben (davon eins stark beschädigt und ohne Beschriftung, siehe C.)

A   B   C   D   E   F

A. Einzelgrab Graetschuss

Gut erhaltener Obelisk mit der Inschrift „Hier ruhet in Gott ein tapferer Krieger Johann GRAETSCHUSS[3] v d. 1ten Esc. des Litthau Dragoner Rgts. Nr. 1 Prinz Albrecht v. Preussen, geb. d. 17. Apr. 1849, gefallen d. 14. Aug. 1870".

B. Einzelgrab Anders

Dieses Einzelgrab, ein Steinkreuz auf einem würfelförmigen Sockel, wurde aus Lauvallières hierher umgebettet. Die Inschrift auf der Marmortafel an der Vorderseite des Sockels lautet „Eugen ANDERS[4] Hauptmann Ostpreussischen Grenadier Regiment Nr. 4, geboren d. 25ten October 1832, gefallen am 14ten August 1870".

C. Einzelgrab Koenig

Neben einer kleinen Grabplatte ohne erkennbare Beschriftung, bei der nur noch der Stummel eines Eisenstiftes ein früheres Grabkreuz vermuten lässt, liegt eine große Grabplatte mit der Inschrift „Hier ruht Paul KOENIG[5] Portepee Fänerich im Feld-Art. Rgt. Nr. 7, gefallen am 14. Aug. 1870".

D. Sammelgrab 5./JägBatl 7

Ein Obelisk kennzeichnet ein Sammelgrab für sechs Gefallene der 5. Kompanie des Westfälischen Jäger-Bataillons Nr. 7. Die offensichtlich nicht sehr sorgfältig erneuerte Inschrift lautet „5te Comp. Westf. Jäger Batl.i No. 7 ihren gefal. Kameraden gew. HERMANN. MANGOLD. FLORES. STOCK. FORK. GÖTZ[6]".

E. Massengrab 4./JägBatl 7

Das Massengrab für eine unbekannte Anzahl von Gefallenen der 4. Kompanie des Westfälischen Jäger-Bataillons Nr. 7 besteht aus einem Steinkreuz in Form von nachgebildeten Baumstämmen auf einem Sockel aus aufgeschichteten flachen Steinen. Drei dieser Steine in der Form von Wappenschilden dienten als Unterlage für Inschriften, wovon noch zwei erhalten geblieben sind. Diese lauten „Dem Andenken der gefallenen Kameraden gewidmet von der 4. Compagnie Wesphälischen*⁾ Jäger Batail. Nr. 7" sowie „Albert STEIN[7]⁾, geboren den 20ten October 1846, gefallen am 14ten August 1870".

F. Einzelgrab Perthes

Das Denkmal besteht aus dem Stumpf einer kannelierten Säule auf einem hohen Sockel, an dem eine unregelmäßige geformte Steinplatte mit der Inschrift befestigt ist. Diese lautet „Hier ruht unser lieber Kamerad Georg PERTHES[8]⁾ Lieutenant im Westphälischen Jäger Bataillon Nr. 7. Geboren den 9ten Mai 1849 zu Bonn, gestorben den Ehrentod am 17. August 1870 an seiner am 14ten August 1870 bei Colombey erhaltenen Wunde".

G   H   I   J   K

G. Einzelgrab von Bülow

Das Grabdenkmal dieses Einzelgrabes ähnelt sehr dem Massengrab der 4./JägBatl 7 (siehe oben). Die Inschrift lautet „Hier ruht in Gott der Königliche Seconde Lieutenant im 2. Westfälischen Inf. Reg. Nr. 15 Hermann von BÜLOW[9]⁾, geb. den 12. Juni 1842, gefallen den 14. August 1870 bei Colombey".

H. Einzelgrab v. Hülst

Ein kurzer, gedrungener Obelisk auf dreifach abgestuftem Sockel. Die Inschrift lautet „Alfred von HÜLST[10] Sec. Lieut. im 1ten Westfälisches*) Inf. Regt. Nr. 13".

I. Einzelgrab Gravenstein

Form und Farbgebung entsprechen dem Grabstein „Herberz" im rechten Massengrab (siehe oben). Die Inschrift lautet „Theodor GRAVENSTEIN[11] 10. Comp. 13. Inftr. Reg., gefallen am 14. August 1870".

J. Sammelgrab für drei Offiziere des IR 15[12]

Ein schlichtes Granitkreuz kennzeichnet ein Sammelgrab für drei Offiziere des IR 15. Die Inschrift lautet „Hier ruhen Premier-Lieutenant von PRONDZYNSKI und die Second-Lieutenants MÜLLER und WISSMANN I 2. Westfäl. Infanterie-Regiments Nr. 15. Gefallen am 14. August 1870."

K. Einzelgrab Helwing

Schlichtes Steinkreuz mit spitzen Enden. Die Inschrift lautet „Clemens HELWING[13] Vicefeldwebel des 6ten Westph. Inf. Regt. Nr. 55".

Namen der Gefallenen auf dem Denkmal des IR 13

Rechte Seite:

1te Comp.: Hauptm. u. Comp. Chef H. RITGEN, Sergt. EVERS, Gefr. B. RUSCHE, F. TEEPE, W. TILLMANN, Musk. H. AHLBRANDA. BÜCKER I, H. EVERMANN, B. FRERICK, C. HOLTKEMPER, Ed. KÜMPERS, Th. LIEKHUES, A. LÜLFSMANN, C. RAUE, J. SCHNELLENBERG, W. STROTKAMP

2te Comp.: Vic.Feldw. F. HAAKE, Feldw. P. BEYER, Sergt. H. SCHLAING, Untr. H. KUCK, Gefr. H. KALLMEYER, Musk. B. BERGER, F. BRÜGGEMANN, W. HEITMEYER II, J. HOVENKÖTTER, Th. KAUP, H. SICKING, F. STÖVING, F. VEHRING, H. WIENEFLOTH, H. WÜLLHORST

3te Comp.: Musk. J. ALFS, J. BERNING, H. BRONSTERING, A. DÜTSCH, A. GODDER, A. HESSLING, J. NÜBEL, H. RIETMANN, W. UNKENBOLD, A. WEWELER, B. WILMER

Rückseite:

4te Comp.: Sec. Lieut. E. ALFTER, Untr. W. HINNEBUSCH, Gefr. H. GERDENER, Musk. A. BUSSMANN, G. DEITERS, H. DIRKES, W. GAUSMANN, J. HANNASCH gent.

DAHL, B. HEINKER, H. KIENEMANN, B. LOHOFF, F. MÜLLER, A. STOFFERS gent. BAUMEISTER, J. WELLE, H. WESSELMANN, H. WITTENBERG

5te Comp.: Untr. B. WIEDAU, Gefr. A. HAKENES, H. WIGGER, Th. ECKENPOHL, B. KETTELER

6te. Comp.: Musk. Ed. BUDKE, H. DICKMANN, TH. DICKMANN gent. LETTERHAUS, H. DREES, J. GÖCKE, J. HOLTMANN, H. KAMPMANN, W. KREIENBAUM, H. SODDEMANN

7te Comp.: Hauptm. u. Comp. Chef G. ROMMEL, Untr. C. REICHSTEIN, Musk. B. BÖWER, C. FISCHER, B. MEHRING, J. MERTENKÖTTER, H. MOSER

<u>Linke Seite:</u>

Musk. H. MUTHER, A. SIENINK, B. SOMMER, M. WERNING

8te Comp.: Sec. LIEUT. H. v. BASSE, Untr. L. BERGMANN, H. VENHERM, Gefr. JÜRGENS II, A. VOSS, Musk. B. BERKEMEYER, F. GOERMANN, W. KLINGEMEYER, W.KOOP, B. MEINERS, B. SCHÜRMANN, B. STUCKMEYER, J. DIECKMANN, W. WERRETMEYER

9te Comp.: Untr. H. KIRCHHOF, Füs. F. FARTMANN, H. SPRINGENHEIDE

10te Comp.: Untr. W. HOLZHEIDE, G. MIETUSCH, Füs. B. LANGENHÖVEL

11te Comp.: Sec. Lieut. A. von HÜLST, Horn. F. JOHN, Füs. J. HORSTMANN, F. SANDMANN, W. SCHNITZLER

12te Comp.: Prm Lieut. F. BÜLTEMEYER, Füs. H. BECKS, H. DETERMANN, C. JÄGER, W. LASTERING, A. RATH, F. RICKFELD, J. SCHRAMEYER, H. SCHÜRMANN

Quellen:

[1] Engel: a.a.O., S. 110

[2] VL 61/166: 4. Komp., vermisst bzw. tot

[3] VL 5: aus Neu-Lasdehnen, Kr. Insterburg, T, Sch. i. d. Unterleib

[4] VL 26: 5. Komp., T, Sch. i. d. Brust

[5] VL 26: aus Blomberg/Lippe-Detmold, 3. Fuß-Abt.

[6] alle VL 49:

Gefr. Maximilian HERMANN, T, Sch. i. d. Unterleib

Jg. Wilhelm MANGOLD, T, Sch. i. d. Rückenwirbelsäule

Jg. Heinrich FLORES, T, Sch. d. d. Kopf

Jg. August STOCK, T, Sch. d. d. Brust

Jg. Joseph FORK, T, Sch. d. d. Brust

Gefr. Clemens Lothar GÖTZ, T, Sch. i. d. Unterleib

7) VL 49: T, Sch. d. d. Kopf

8) VL 49: s.v., S. i. d. Unterleib, im Lazarett gestorben

9) VL 29: aus Münster, 8. Komp., T, Sch. i. d. Kopf

10) VL 36: aus Cösfeld, 3. Batl., T, S. i. d. Brust

11) weder in den Verlustlisten noch in der Regimentsgeschichte erwähnt

12) VL 29: PrLt u. Komp. Chef Bogislav v. PRONZYNSKI, 9. Komp. T, Sch. d. d. Brust
und SecLt Ernst MÜLLER, 7. Komp.

VL 26: SecLt WISSMANN, 5. Komp., s.v., + 15.08. im Schloß Colombey

13) VL 33: Uffz Ernst Georg Clemens HELLWING aus Detmold, 10. Komp., s.v. Sch.
d.d. Kopf, + a. d. Schlachtfeld

*) Originalschreibweisen auf den Grabdenkmälern

Lage:

Coincy

Neben der D4

150 m nördl. Denkmal IR 13

Koordinaten:

49.108791, 6.256043

Beschreibung:

Von dem einstmals eindrucksvollen Denkmal, eingeweiht am 14. August 1907, ist nur noch der Sockel aus groben Granitblöcken erhalten. Dieser diente ursprünglich als Unterbau für eine überlebensgroße Bronzeskulptur, geschaffen von dem Berliner Professor Arthur Schutz. Sie zeigte einen stehenden Jäger beim Nachladen seines Gewehres. Diese Skulptur ist ebenso wie die metallene Widmungstafel mit den Namen der Gefallenen nach 1918 verschwunden.

Aktuelle Aufnahme und Ausschnitt aus alter Ansichtskarte

Wann die aktuelle, in die Frontseite eingelassene Steintafel angebracht wurde, ist unbekannt. Sie trägt die Widmung „Zum ehrenden Andenken an die 1870-71 gefallenen Kameraden – Das Westf. Jäger-Bataillon Nr. 7".

Wie auf der alten Ansichtskarte ersichtlich, stand das Denkmal ursprünglich inmitten einer dreieckigen Gräberanlage für die Gefallenen des Bataillons. Diese dreieckige Anlage ist heute noch anhand der Einfassung mit einer niedrigen Betonwand gut zu erkennen. Während die Metallumzäunung des Denkmalsockels noch erhalten ist, hat der einstmals reich verzierte Zaun, der die Anlage umgab, offensichtlich zu einem unbekannten Zeitpunkt für die Umzäunung der nahegelegenen Kriegsgräberstätte im Park von Colombey (siehe Abb. 15) Verwendung gefunden.

Gut zu sehen ist auf der Ansichtskarte links im Hintergrund der Beginn der Pappelallee, die nach den Kämpfen als „Totenallee" in die deutsche Militärgeschichte einging.

Geschichtlicher Hintergrund:

Das JägBatl 7 gehörte zur 26. Infanterie-Brigade und bildete beim Angriff der deutschen Avantgarde auf Colombey am Nachmittag des 14. August 1870 deren linken Flügel am Wäldchen von Borny. Die Verluste betrugen 11 Tote und 39 Verwundete[1].

Quellen:

[1]   Engel: a.a.O., S. 110

17   Denkmal des 2. Westfälischen Infanterie-Regiments Nr. 15

Lage:

Coincy

in der „Totenallee",

ca. 200 m nördlich

des Denkmals JägBatl 7

Koordinaten:

49.111079, 6.254573

Beschreibung:

Aktuelle Aufnahme und Ausschnitt aus alter Ansichtskarte

Das bis auf das verschwundene Steinkreuz auf der Spitze guterhaltene Denkmal wurde am 14. August 1872 eingeweiht. Auf der Vorderseite steht ober- und unterhalb eines Eisernen Kreuzes die Widmung „Seinen um Metz gefallenen Kameraden – Das Officiercorps 2ten Westfälischen Infanterie Regiments N. 15 Prinz Friedrich der Niederlande".

Die Schrifttafeln auf beiden Seiten listen die Verluste des Feldzugs auf (Namen siehe unten), unterhalb der von der Bedachung gebildeten Giebel sind auf runden Steintafeln christliche Symbole bzw. Sprüche eingelassen.

Geschichtlicher Hintergrund:

Das IR 15 bildete mit dem IR 55 die 26. Infanterie-Brigade der 13. ID (VII. AK). Die Brigade sollte Colombey einnehmen. Dazu gingen I. und II./IR 15 mit einer leichten Batterie gegen Schloss Aubigny und nach dessen Eroberung gegen Colombey vor, während F./IR 15 La Planchette besetzte. Die heftigen Kämpfe gegen überlegene französische Kräfte führten zu Verlusten von 96 Toten , 368 Verwundeten und 26 Vermissten[1].

Quellen:

[1] Engel: a.a.O., S. 110

Namen der Gefallenen:

Ars-Laquenexy 13. August 1870 Füsl. BENFER, HELLWEG. **Vor Metz-Colombey 14. Aug. 1870** PrLt. von PRONDCZYNSKI, ScLt. MUELLER, WISSMANN, WISCHMEYER, von BUELOW, Gefr. BASTERT, GREIMANN, THALENHORST, Msk. BILLE, MENCKE, MEYER, MEYEROTTE, KUENNE, STALHUT, STEINLAGE, UETRECHT, WEBER, WOLTER, Fldw. STEIN, Untf. POTTHAST, UHE, Gefr. STAPENHORST, Msk. RINKEMEYER, KORTE, RIECKE, BRAND, BRINKMANN, GRAU, KOLLENBERG, MASS, MEISE, NIEBUR, STICHHORST, WATERMANN, Fldw. BALSTER, Msk. BACHSTEIN, DUENKELOH, NIEHAGE

Gravelotte-Jussy 18. August 1870 Untf. FREDERKING, Musk. LOHMEYER, WESSEL, Fähn. MEYER, Untf. THIELE, Musk. MEYER III, TEMME, Gefr. LEHRA, Musk. THORBRUEGGE, VORMBERG, HOLLE I, WAGENFELD, HENKE, HOLDTHAUS, HEESEMANN. **Jussy 25. August 1870** Füsl. BÜSCHER. **Mercy-le-Haut 26-27. Sptbr. 1870** Füsl. EICKMEYER 26. Sptbr., Musk. HELDT, HILKER, HUNDERTMARK, Musk. HEINE, SCHNUCKE, KLEY 27. Sptbr.

18	**Denkmal des 6. Westfälischen Infanterie-Regiments Nr. 55**

Lage:

Coincy

in der „Totenallee",

ca. 50 m nördlich Denkmal IR 15

Koordinaten:

49.111494, 6.254190

Beschreibung:

Das Denkmal des IR 55 hat eine wechselvolle Geschichte. Am 14. August 1872 wurde das erste Denkmal errichtet: ein ca. 4 m hoher, reich geschmückter Sandsteinzylinder mit kuppelförmigem Abschluss, darauf ein Bronzeadler mit ausgebreiteten Schwingen. Drei senkrecht verlaufende Eichenzweige teilten den Zylinder in drei Flächen: eine mit den Namen der gefallenen Offiziere sowie der Anzahl der gefallenen Unteroffiziere und Mannschaften, die zweite mit der Widmung, die dritte mit den Daten der Kämpfe des Regiments.

Aktueller Zustand des Denkmals (oben). Darunter links ein Ausschnitt aus einer alten Ansichtskarte mit dem später verschwundenen Adler auf der Spitze. Unten rechts der Torso des ursprünglichen Denkmals an seinem heutigen Standort in Augustdorf.

Um die Jahrhundertwende war das Denkmal durch Witterungseinflüsse derart beschädigt, dass es demontiert und in die Heimatgarnison Detmold[1] gebracht wurde. Am 14. August 1903 wurde es durch ein neues Monument ersetzt. Hierbei handelte es sich um einen hohen monolithischen Felsblock aus dem Teutoburger Wald, der mit seinem Sockel aus grob behauenen Steinen über 4 m aufragt.

Der Bildhauer K. Meier aus Detmold hat dabei eine interessante Farbgebung durch die Bearbeitung des Monolithen geschaffen. Die Metallapplikationen, Adler und Widmungsschild, verschwanden nach 1918. 1942 veranlassten die deutschen Besatzungsbehörden die Anbringung einer Marmortafel als Ersatz für die Metalltafel. Die Widmung lautet wie die vorhergehende: „Zum ehrenden Andenken an die 1870-71 gefallenen Kameraden, das 6. Westfäl. Inf. Rgt N. 55".

Als einziges Überbleibsel des ursprünglichen Denkmals ist der Metallzaun erhalten geblieben.

Geschichtlicher Hintergrund:

Das IR 55 kämpfte am 14. August 1870 zusammen mit dem Schwesterregiment IR 15 und dem JägBatl 7 als Avantgarde bei Angriff auf Colombey. Die Verluste betrugen 107 Tote, 423 Verwundete und 9 Vermisste[2].

Quellen:

[1] Heute steht der Torso des Denkmals im Ehrenhain der Generalfeldmarschall-Rommel-Kaserne in Augustdorf

[2] Engel: a.a.O., S. 110

19 — Denkmal des 2. Hanseatischen Infanterie-Regiments Nr. 76

Lage:

Coincy
nördl. der D603
am ehemaligen
Verlauf der Saar-
brücker Straße

Links eine aktuelle Ansicht, in der Mitte ein Foto von der Einweihung des Denkmals 1890[1], rechts ein Ausschnitt aus einer alten Ansichtskarte. Beachte die Grabkreuze hinter dem Denkmal.

Koordinaten:

49.119376, 6.255476

Beschreibung:

Mächtiges, fünf Meter hohes Denkmal auf zweistufigem Postament. Der Sockel ist geteilt in einen rechteckigen Teil mit gefasten Kanten, einen kubischen Mittelteil mit den Inschriften und Verzierungen und ein gewölbtes Kapitell, auf dem ein Obelisk den Abschluss bildet. Die Inschriften lauten:

Vorderseite „Dem Andenken der im Feldzug 1870-71 Gefallenen des 2. Hanseatischen Infanterie Regiments Nr. 76"

Linke Seite „Metz 4-9 Septb Toul 13 Septb Paris 22 Octobr Loigny Orléans 2 Dezb Meung 7 Dezb Beaugency-Cravant 8-10 Dezb Fréteval 14 Dezb Le Mans 10-12Janr"

Rechte Seite „Für das Vaterland starben: 13 Offiziere, 31 Unteroffiziere, 205 Mannschaften"

Rückseite „Gewidmet vom Hamburger Verein der Kampfgenossen von 1870-71"

Das Denkmal wurde am 5. Oktober 1890 eingeweiht. Es ist seitdem mehrfach Opfer von Vandalismus geworden, so ist z. B. die Kugel, die ursprünglich auf der Rundung des Kapitells lag, trotz zwischenzeitlicher Renovierung nunmehr endgültig verschwunden. Die gesamte Umgebung des Denkmals ist ziemlich verwahrlost.

114

Geschichtlicher Hintergrund:

Das IR 76 gehörte zur 17. ID, die bei Kriegsausbruch zunächst zur Küsten-
verteidigung in Norddeutschland verblieben war. Erst am 4. September 1870 traf das
Regiment bei Metz ein, wo es bis zum 9. September im Bereich von Ars-Laquenexy
einige Vorpostengefechte zu bestehen hatte. Deshalb wurde offensichtlich dieser
Standort für das Denkmal gewählt, da das IR 76 seine Hauptkämpfe im weiteren
Verlauf des Feldzugs gegen die französische Loirearmee im Inneren Frankreichs zu
bestreiten hatte.

Quellen:

1) Landesarchiv Baden-Württemberg, Abt. Hauptstaatsarchiv Stuttgart M 703
R972N5 Bild 1

20 | Denkmal des Hannoverschen Füsilier-Regiments Nr. 73

Lage:

Coincy

südl. der D603 in einem kleinen Waldstück.
Zugang nur zu Fuß über unbefestigtes Terrain.

Koordinaten:

49.116955, 6.256752

Beschreibung:

Aktueller Zustand und zeitgenössische Ansichtskarte

Auf dem mit Kies bedeckten und der originalen Umzäunung versehenen Grab der gefallenen Offiziere des FR 73 steht eine schlanke, gut 2 m hohe Säule auf einer großen rechteckigen Steinplatte. Die Spitze der Säule schließt eine Kuppel mit umlaufendem Fries ab, deren ursprünglicher krönender Adler mit ausgebreiteten Schwingen schon 1895 beschädigt und nach 1918 vollständig demontiert wurde. Im Hinblick auf den kuppelförmigen Abschluss und den floralen Schmuck der Säule ist eine große Ähnlichkeit mit dem Denkmal des IR 55 (siehe Abb. 18) gegeben. Auch hier wird der Schaft der Säule durch senkrechte, florale Reliefs in drei Felder geteilt, auf denen die Namen der gefallenen Offiziere stehen:

Feld 1:

„Hier ruhen Anton von OSTAU[1] Hauptmann u. Chef der 6. Compagnie, Leopold FISCHER[2] Hauptmann u. Chef der 7. Compagnie, August von MASSENBACH[3] Premier Lieutenant u. Führer der 8. Compagnie"

Feld 2:

„Theodor von BARDELEBEN[4] Hauptmann u. Chef der 3. Compagnie, Otto FISCHER[5] Seconde Lieutenant, Premier Lieutenant Maximilian BRAUN[6] vom Hannoverschen Füsilier-Regiment Nr. 73."

<u>Feld 3:</u>

„Julius Carl ERDMANN[7] Seconde Lieutenant der Reserve, Cornelius GIESE[8] Portepee Fähnrich"

Am unteren Ende des runden Säulenschafts steht: „sämmtlich vom Hannoverschen Füsilier Regiment Nr. 73."

Darunter trägt der achteckige Sockel die Widmung „Sie starben den Heldentod mit Gott für König u. Vaterland am 14. August 1870 im Gefecht von Metz. Ihrem Gedächtnis und den in demselben Gefecht gebliebenen 15 Unterofficieren und 136 Füsilieren des Regiments weiht dieses das Officier Corps."

Die Säule war am 30. November 1984 durch Grabräuber umgestürzt worden. Sie wurde anschließend wieder aufgerichtet, dabei aber vermutlich irrtümlich um ein Drittel im Gegensatz zur ursprünglichen Position gedreht.

<u>Geschichtlicher Hintergrund:</u>

Das FR 73 bildete mit dem IR 13 die 25. Infanterie-Brigade, die am 14. August der schwer bedrängten 26. Brigade nördlich des Parks von Colombey zu Hilfe kam. Kurzfristig konnte das Tannenwäldchen genommen werden, dann aber mussten die deutschen Truppen zurückweichen. Die Verluste des FR 73 waren enorm: 99 Tote (davon 7 Offiziere), 358 Verwundete und 40 Vermisste[9].

<u>Quellen:</u>

[1] VL 61: aus Königsberg, T, Sch. d. Mund u. d. d. Kopf
[2] VL 61: aus Berlin, T, Sch. d. d. Brust
[3] VL 61: T, Sch. i. d. Brust
[4] VL 61: schwer verwundet, gest. 15.8.1870
[5] VL 57: T
[6] VL 217: Verwundung bei Metz, tot lt. Mitteilung Laz. Pange
[7] VL 61: 6. Komp., T, Sch. d. d. Unterleib
[8] VL 61: aus Ibbenbüren, 6. Komp., T, Sch. d. d. Brust
[9] Engel: a.a.O., S. 110

21   Einzelgrab v. Arnim

Lage:

Coincy

An der D954 vor Lauvallières,
ggü. dem Abzweig zum
Krankenhauskomplex „Robert Schumann"

Koordinaten:

49.122352, 6.251311

Beschreibung:

Auch wenn es sich im Grunde genommen um das Einzelgrab des Seconde Lieutenants Detlef v. ARNIM handelt, diente das Grabmonument vor dem 1. Weltkrieg auch zu offiziellen Gedenkfeiern für die Gefallenen des Ostpreußischen Jäger-Bataillons Nr. 1. Das Monument besteht aus einem reichverzierten Sockel mit Steinkreuz. Die Inschrift auf einer nachempfundenen Pergamentrolle aus Marmor lautet „ Detlef von ARNIM, Lieutenant im Ostpreußischen Jäger-Bataillon Nr.1, geb. den 7ten Juni 1844, gefallen den 14ten August 1870". Ein schöner schmiedeeiserner Zaun umgibt das Grabdenkmal. Es war 1998 bei landwirtschaftlichen Tätigkeiten beschädigt worden, wurde aber später vorbildlich restauriert.

Geschichtlicher Hintergrund:

Das JägBatl 1 gehörte zu den Vortruppen der 1. ID, die dem VII. AK am 14. August 1870 gegen 18.00 h über Montoy zu Hilfe kamen und unter schweren Verlusten die Anhöhen bei La Planchette und Lauvallières nahmen. Seconde Lieutenant v. Arnim von der 1. Kompanie gehörte zu den Opfern. Laut der offiziellen Verlustliste[1] wurde er tödlich in Kopf und Brust getroffen und wurde nach den Kämpfen auf dem Schlachtfeld bestattet. Später ließ seine Familie das Grabdenkmal errichten.

Quelle:

[1]   VL 15 (dort als Etlaf von ARNIM aus Koppershagen in Ostpreußen vermerkt.)

Lage:

Noisseville

1 Rue de l'Amitié

Koordinaten:

49.128424, 6.277196

Aktueller Zustand und Ausschnitt einer Abbildung in „Die Gartenlaube" von 1880

Beschreibung:

Das Denkmal des I. Armee-Korps in Form eines mächtigen sechssäuligen Tempels, auf dem ein bronzener Löwe schläft, wurde am 19. Januar 1873 im Beisein des ehemaligen Kommandierenden Generals des I. AK, General von Manteuffel sowie dem Gouverneur von Metz und zahlreichen Abordnungen der diversen Regimenter des Korps eingeweiht. Schon bald wurde es unter dem Namen „Löwe von Retonfey" bekannt.

Ursprünglich waren zwischen den Säulen Marmortafeln angebracht mit den Namen der gefallenen Offiziere sowie Verlustzahlen für Unteroffiziere und Mannschaften. Diese Tafeln sind nach 1918 demontiert worden. 1942 wurde auf der Frontseite die heute noch vorhandene Tafel angebracht mit der Inschrift „Zum ehrenden Andenken an die 1870-71 gefallenen Kameraden – Das I. Armeekorps". Das Fries aus Eisernen Kreuzen, das den Tempel im oberen Bereich bekränzt, war ebenfalls nach dem Waffenstillstand 1918 zerstört worden, wurde aber in jüngerer Vergangenheit erneuert. Die Bedeutung des Denkmals ist auch aus der Tatsache zu erkennen, dass es am 30. November 1987 trotz deutschen Ursprungs in das Verzeichnis der historischen Monumente Frankreichs aufgenommen wurde.

Geschichtlicher Hintergrund:

In den Kämpfen um Metz stand das I. AK auf dem rechten Flügel der deutschen Verbände. Am 14. August 1870 kamen die Ostpreußen in heftigen Kämpfen am Nachmittag lediglich bis La Planchette und Lauvallières und über Noisseville bis vor die Höhen von Mey voran. Erst am Abend eintreffende Verstärkungen, insbesondere Artillerie, konnten die Schlacht entscheiden.

Beim Ausbruch aus der Festung Metz am 31. August 1870 richtete sich der Hauptstoß der Franzosen gegen Failly, Noisseville und Servigny, sodass das I. AK im Mittelpunkt der Kämpfe stand. Einmal mehr wurde diese Schlacht durch die Artillerieüberlegenheit der Deutschen entschieden, als im Verlauf des 1. September das von den Franzosen besetzte Noisseville in Brand geschossen wurde und Marschall Bazaine die Ausweglosigkeit eines weiteren Angriffs einsah und sich nach Metz zurückzog.

Am 14. August 1870 hatte das I. AK Verluste von 567 Toten, 2.176 Verwundeten und 168 Vermissten, am 31. August / 1. September 1870 beliefen sich die Verluste auf 508 Tote, 1.542 Verwundete und 242 Vermisste, was 77% der Gesamtverluste der Schlacht bei Noisseville ausmachte[1].

Quelle:

[1] Engel, a.a.O.: S. 110 und 119

Gedenktafel für die 2./GR 4 an der ehemaligen Brauerei von Noisseville

Lage:

Noisseville

3 Rue de l'Amitié

Koordinaten:

49.129782, 6.276118

Beschreibung:

An der Fassade der ehemaligen Brauerei (Brasserie) von Noisseville ist eine schwarze Gedenktafel aus Metall zur Erinnerung an die Kämpfe vom 31. August 1870 eingelassen. Die Inschrift lautet „Zum Gedaechtniss an die Tapferen der 2. Compagnie des 5ten Ostpreussischen Grenadier Regiments No. 4 gefallen im Heldenkampf um die Brasserie von Noisseville am 31ten August 1870. Gewidmet von ihrem Compagnie-Chef".

Es handelt sich nicht um die Originaltafel. Diese war aus blauem Stein und wurde wegen ihres schlechten Zustandes am 16. Oktober 2004 ausgetauscht, wobei offensichtlich ein Schreibfehler auftrat: das GR 4 ist nicht das 5., sondern das 3. Ostpreußische Grenadier-Regiment.

Darunter befindet sich auf einer Plexiglasscheibe die französische Übersetzung des Textes.

Geschichtlicher Hintergrund:

Die Wandtafel bezieht sich auf die Schlacht bei Noisseville am 31. August 1870, die auf demselben Landstrich stattfand wie gute zwei Wochen vorher die Schlacht bei Colombey/Nouilly.

Am Nachmittag des 31. August 1870 stand auf dem linken Flügel der 1. ID bei Retonfey die 3. Infanterie-Brigade (Generalmajor v. Memerty) mit dem IR 44 und dem I. und II./GR 4. Die 2./GR 4 war dabei am weitesten nach Westen vorgeschoben worden und hatte die Brasserie von Noisseville besetzt. Gegen 17.00 h griff die französische Brigade Clinchant Noisseville von Westen und Süden her an und konnte dabei die Brasserie aufgrund ihrer Übermacht trotz heftiger Gegenwehr der inzwischen durch kleine Abteilungen des GR 1 verstärkten Besatzung erobern und den Großteil der Ostpreußen gefangen nehmen.

Mit dem Verlust dieser wichtigen Stellung war auch das Dorf Noisseville nicht mehr gegen die Übermacht der Franzosen zu halten und wurde geräumt.

24 Kriegsgräberstätte des 2. Ostpreußischen Grenadier-Regiments Nr. 3

Lage:

Nouilly

Auf dem ehemaligen
Schlachtfeld

Koordinaten:

49.138595, 6.254991

Beschreibung:

Am Rand einer Neubausiedlung in Nouilly liegt, beschattet von einer eindrucksvollen Eiche, auf einer landwirtschaftlich genutzten Fläche eine kleine ummauerte Kriegsgräberstätte für 21 Gefallene des F./GR 3.

Eine weiße Marmortafel, angelehnt an einen offensichtlich versteinerten Baumstamm, sowie zwei in die rückwärtige Mauer eingelassene Steintafeln nennen die Namen der Bestatteten.

Marmortafel

„Ruhestaette von Christoph Reinhardt GÜNSTE[1]), Pr. Lt. und Führer der 10ten Comp. des Füs.Bat. 2ten Ostpr. Gr. Regmts. No. 3, geb. 12. Juni 1837, hier gefallen 14. August 1870 und bestattet mit nebenbezeichneten 20 Füsilieren."

Linke Steintafel

„Unteroff. Wilhelm BALTRUSCH, Gefr. Johann GUDJANS, Füslr. Carl NEY, Christian NORRIKAT, August RAGAISCHAT, Julius FUHR, Friedrich GUDAT, Friedrich GATTAU, Hermann EICHBERGER, Gottfried STUMPF"

Rechte Steintafel

„Unteroff. Michael ZACHARIAS, Gefr. Gottlieb RICHTER, Füslr. Wilhelm BUNG, August BUSCHING, Daniel FABER, Johann KRÜGER, August KÖTRAN, Carl LINDEMANN, Johann LORTRER, Julius NEHRKORN"

Geschichtlicher Hintergrund:

Das GR 3 (2. Infanterie-Brigade, 1. ID, I. AK) kam am 14. August 1870 auf dem rechten deutschen Flügel dem in hohe Bedrängnis geratenen IR 44 zu Hilfe. Es rückte von Lauvallières gegen Nouilly und Mey vor, unterstützt durch einige Batterien Artillerie. Die Verluste waren hoch: 137 Tote, 440 Verwundete und 33 Vermisste[2]. Zusammen mit dem unter Abb. 25 beschriebenen Sammelgrab sind es die einzig erhaltenen der unzähligen Gräber, die nach den Kämpfen das Schlachtfeld in der Umgebung von Nouilly und Mey bedeckten.

Quellen:

[1] VL 5: T, Sch. i. d. Kopf

[2] Engel: a.a.O., S. 110

25

Offiziersgräber des 6. Ostpreußischen Infanterie-Regiments Nr. 43 und des 7. Ostpreußischen Infanterie-Regiments Nr. 44

Lage:

Nouilly

Auf dem ehemaligen

Schlachtfeld

Koordinaten:

49.137487, 6.252455

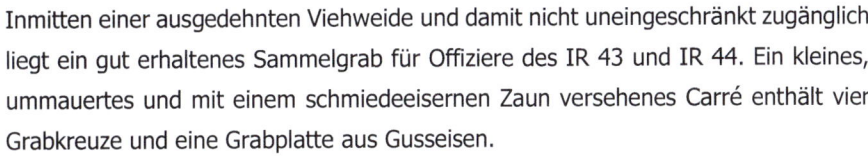

Beschreibung:

Inmitten einer ausgedehnten Viehweide und damit nicht uneingeschränkt zugänglich liegt ein gut erhaltenes Sammelgrab für Offiziere des IR 43 und IR 44. Ein kleines, ummauertes und mit einem schmiedeeisernen Zaun versehenes Carré enthält vier Grabkreuze und eine Grabplatte aus Gusseisen.

Die Inschriften lauten:

Grabplatte: „Lieutenant Franz SCHNEIDER, geb. zu Heidemuehle bei Stuhm in West-Preussen am 10. Juni 1845. Gefallen vor Metz am 14. August 1870."

Grabkreuze von links:

„Paul von PUTTKAMMER[1], Hauptmann im 7. Ostpreussischen Infanterie-Regiment Nr. 44 gefallen am 14.8.1870"

„Hermann KÜNZEL[2] Premierlieutenant im 7. Ostpreussischen Infanterie-Regiment Nr. 44 gefallen am 14.8.1870"

„Baron Ernst von BUHL[3] Premierlieutenant im 6. Ostpreussischen Infanterie-Regiment Nr. 43 gefallen am 14.8.1870"

„Gustav von HORN[4] Hauptmann im 6. Ostpreussischen Infanterie-Regiment Nr. 43 gefallen am 14.8.1870"

Geschichtlicher Hintergrund:

IR 43 und IR 44 gehörten zur 1. ID bzw. 2. ID (I. AK) und kämpften am 14. August 1870 auf dem rechten deutschen Flügel. Das IR 44 konnte dabei über Nouilly hinaus bis Mey vordringen, wurde dann aber von den überlegenen französischen Einheiten des 4. Korps zurückgedrängt und musste sich bis Noisseville zurückziehen. Erst mit Unterstützung des IR 43 und GR 3 sowie mehrerer Artillerieeinheiten konnte die vorherigen Positionen wiedergewonnen werden. Die Verluste der Ostpreußen waren verheerend[5]):

IR 43: 140 Tote, 601 Verwundete sowie 47 Vermisste

IR 44: 118 Tote, 325 Verwundete sowie 40 Vermisste

In der Folge übersäten unzählige Gräber die Strecke zwischen Nouilly und Mey. Bis auf das vorgenannte Sammelgrab sowie die unter Abb. 24 beschriebene Kriegsgräberstätte wurden alle in den 1920-er Jahren auf Sammelfriedhöfe umgebettet.

Quellen:

[1] VL 21: 1. Komp., T, Sch. i. d. Kopf

[2] VL 21: 1. Komp., T, Sch. i. d. Brust

[3] VL 13: aus Trier, genannt Schimmelpenning v. d. Oye, Füsilier-Bataillon, T, Sch. d. d. Brust

[4] VL 13: aus Königsberg, Füsilier-Bataillon, T, Sch. d. d. Hals

[5] Engel: a.a.O., S. 110

Deutsch-französische Kriegsgräberstätte Mey

Lage:

Mey

100 m hinter dem nördl.

Ortsausgang an der D69C

Koordinaten:

49.139205, 6.237043

Beschreibung:

Innerhalb einer gepflegten, umzäunten deutsch-französischen Kriegsgräberstätte neben dem Gemeindefriedhof steht auf einem dreistufigen Postament ein kubischer Sockel mit einem massiven gestauchten Obelisken, dessen Vorderseite mit einem stilisierten Eisernen Kreuz aus weißem Marmor über einem Strauß von Eichen- und Lorbeerzweigen geschmückt ist. Eine weiße Marmortafel an der Vorderseite trägt die Widmung, während auf der rechten Seite Angaben zu den französischen und auf der linken Seite zu den deutschen Gefallenen verzeichnet sind.

Beschriftung der Vorderseite:

„Den am 14. August 1870 bei Mey für ihr Vaterland gefallenen Kriegern – Aux officiers et soldats tombés glorieusement à Méy le 14 août 1870. Errichtet von der Vereinigung zur Schmückung u. fortdauernden Erhaltung der Kriegergräber bei Metz unter Mitwirkung des Souvenir Francais 1908".

Beschriftung linke Seite:

„Bei Anlage der Festungswerke bei Mey wurden 1908 in Einzelgräbern ruhende Krieger ausgegraben und zur gemeinsamen Ruhe hier bestattet, von deutschen Kriegern: 13 Gren. vom Gren. Regt. Nr. 3, 10 Gren. vom Gren. Regt. Nr. 4"

Geschichtlicher Hintergrund:

In den Kämpfen des 14. August 1870 blieben die Einheiten des I. AK bei ihrem Vorstoß gegen Mey aufgrund übermächtiger französischer Verbände zunächst vor dem Wäldchen bei Mey liegen. Erst am Abend gelang es mit Hilfe massiver Artillerieunterstützung, das Wäldchen einzunehmen.

Nach dem deutschen Sieg wurde Metz ab 1871 Verwaltungssitz des neu geschaffenen Bezirks Lothringen innerhalb des Reichslandes Elsass-Lothringen und zur stärksten Festungsstadt im Deutschen Reich ausgebaut. Als in Verbindung mit dem Bau eines zweiten Fortifikationsrings um Metz auch im Wäldchen von Mey ein Festungswerk vorgesehen war, begannen ab November 1907 umfangreiche Exhumierungen der Gefallenen und entsprechende Umbettungen auf ein von der Gemeinde Mey zur Verfügung gestelltes Gelände. Die Massengräber wurden hufeisenförmig um den am 8. November 1908 eingeweihten Obelisken angeordnet. Lediglich der französische Leutnant Albert Arnould konnte identifiziert werden und erhielt eine eigene Grabplatte.

Bis 1923 erfolgten weitere Einbettungen sterblicher Überreste Gefallener beider Seiten auf diesem kleinen Friedhof, auf dem heute rund 150 französische und 23 deutsche Soldaten ruhen.

Das Denkmal ist vermutlich das einzige binationale Monument, das in der deutschen Besatzungszeit vor dem 1. Weltkrieg errichtet wurde und stellt somit ein frühes Symbol deutsch-französischer Aussöhnungsbemühungen dar. Nicht zuletzt daher ist der ausgesprochen gute Allgemeinzustand der Anlage zu sehen.

Denkmal des 5. Ostpreußischen Infanterie-Regiments Nr. 41 mit Sammelgrab des Grenadier-Regiments Kronprinz (1. Ostpreußisches) Nr. 1

Lage:

Servigny-lès-Sainte-Barbe

OT Poixe

Rue des Maronniers

Koordinaten:

49.154184, 6.271319

Beschreibung:

Denkmal IR 41

Das über 3 m hohe Denkmal besteht aus einem mächtigen kubischen Sockel auf einem abgestuften Unterbau. Den oberen Abschluss bildet ein reich verziertes Kapitell, gekrönt von einem Helm (der „Pickel" ist abhandengekommen) auf einer Trommel, umgeben von erbeuteten Fahnen.

Den Sockel ziert auf der nach Westen gerichteten Vorderseite ein Kranz aus Eichen- und Lorbeerblättern mit der Zahl „1870". Die anderen Seiten zeigen die Namen der Gefallenen (siehe unten).

Sammelgrab GR 1

Den anderen Bereich des von mit einem Holzzaun abgegrenzten Bereichs nimmt eine mächtige, bildhauerisch reich verzierte Grabplatte von 4 m² ein. Sie ist das einzig verbliebene Grabdenkmal von ursprünglich mehreren in unmittelbarer Nähe des Denkmals des IR 41. Die anderen Gräber wurden offensichtlich bei den Umbettungsmaßnahmen der 1920-er Jahre aufgelassen.

Die Beschriftung der Grabplatte lautet:

„Hier ruhen vom Grenadier Regiment Kronprinz (1. Ostpreussisches) Nr. 1
Hermann von ARNIM[1], Hauptmann und Compagniechef, Ritter des Eisernen Kreuzes, geb. den 4. November 1830, verwundet den 31ten August 1870, gest. den 21. November 1870
Friedrich HOERNECKE[2], Premier Lieutenant, geb. den 6. November 1841, gefallen den 31ten August 1870
Bruno von SCHAU[3], Second-Lieutenant, Inhaber des Militair Ehrenzeichens IIter Klasse, geb. den 14. November 1842, gefallen den 31ten August 1870
und der Bursche des letzteren Grenadier Johann HABERMANN[4] der 2ten Comp., geb. den 1. October 1846, gefallen den 31. August 1870
Sie starben den Heldentod für König und Vaterland.“

Geschichtlicher Hintergrund:

GR 1 und IR 41 bildeten die 1. Infanterie-Brigade (1. ID, I. AK). Das IR 41 kam bereits am 14. August 1870 mit geringen Teilen bei der Schlacht bei Colombey/Nouilly zum Einsatz, die Hauptkämpfe hatte es aber wie das GR 1 am 31. August / 1. September 1870 bei der Abwehr des französischen Vorstoßes gegen das Plateau von Ste. Barbe zu bestehen. Die Verluste[5] betrugen:

IR 41:

14. August: 7 Tote, 50 Verwundete, 2 Vermisste

31. August: 22 Tote, 82 Verwundete, 1 Vermisster

GR 1:

14. August: 6 Verwundete

31. August: 91 Tote, 218 Verwundete, 16 Vermisste

Im Jahr 2020 haben die französischen Behörden eine sehr informative Schautafel am Standort des Denkmals des IR 41 aufgestellt, die in beiden Sprachen über den Verlauf der Schlacht , seinen historischen Kontext sowie die Monumente auf dem Schlachtfeld informiert.

Namen der Gefallenen auf dem Denkmal:

Denkmal rechte Seite:

„Mit Gott für König und Vaterland fanden vom 5ten Ostpreussischen Inf.-Regiment Nr. 41 im siegreichen Kampfe hier den Heldentod:

Secondelieutenant und Adjutant Oskar BECK, Secondelieutenant Wilhelm von LÜHMANN"

Denkmal Rückseite:

Feldwebel Heinr. KALLNEY, Sergent Gottl. MARKS, Unterofficier Heinr. SCHMIDT, Gefreiter Ludw. BAUMGARTH, Franz BOEHNING, Albert HOLLAND, Michael WITT, Johann BUCHOLZ, Hornist Gottl. STAMM, Musketier Gottl. BECKER, Eduard WALTER, Johann KUTZKE, Franz PANTEL, Johann GRODOWSKI, Friedr. WOELLMANN, August LAPPAHN, Carl FUNK, Anton GRABUSCH, Carl JENK, Franz MOSCHARTZKI

Denkmal linke Seite:

Sergent Friedr. HESSKE, Unterofficier Carl PEUND, Gefreiter Franz DROSSEL, Gottl. BRANDT, Otto DOEHRING, Gottl. MORCZEK, Füsilier Ferd. BORK, Bernh. GEHRMANN, Albert KROSCHEWSKI, Gottfr. SIMON, Gottfr. GOLDBERG, Gottl. WAGNER, Joseph HEINRICH, August SCHULZKI, Gustav BALZER, Anton WENZEL, Gottl. RASCHKE, August SCHWARZ, Franz SCHAEFER

Quellen:

[1] VL 235: 4. Komp.

[2] VL 64: aus Lippehne, Brandenburg, 6. Komp., Sch. i. Unterleib, + a. d. Transport von Servigny i. Lazarett am 31. Aug. 1870

[3] VL 64: Bruno Carl Maria Lewin von SCHAU aus Böhmen-Höfen, Kr. Braunsberg, 2. Komp., T, Sch. d. d. Kopf

[4] VL 64: Johann Carl Wilhelm HABERMANN aus Adl. Lablack, Kr. Labiau, 2. Komp., T, Sch. d. d. Kopf

[5] Engel: a.a.O., S. 110 u. 119 (Anmerkung: wie bei anderen Einheiten gibt es auch beim IR 41 unterschiedliche Verlustzahlen in den verschiedenen Quellen)

Lage:

Failly

Auf dem ehemaligen Schlachtfeld

Koordinaten:

49.156301, 6.268699

Beschreibung:

Auf einer gekiesten und von niedrigen Randsteinen eingefassten Kriegsgräberstätte auf dem ehemaligen Schlachtfeld vom 31. August 1870 sind vier Offiziere des Füsilier-Bataillons des GR 1 bestattet. Erhalten geblieben sind drei Grabdenkmäler sowie eine zentrale Marmorplatte mit der Inschrift „Dem Andenken seiner gefallenen Kameraden – des Hauptmann von GERSDORFF[1] Hauptmann WALDEN[2] Lieutenant von SCHLEUSING[3] Lieutenant Dr. LEHMANN[4] – Das Offizier Corps des Grenadier Regiments Kronprinz".

Linkes Grabdenkmal

„Hier ruht nebst seinen Kameraden mein unvergesslicher Gatte der Königl. Lieutenant Dr. Phil. Eugen LEHMANN, geb. den 31. März 1844, gefallen bei Noisseville den 31. August 1870".

Im Zuge der vor einigen Jahren erfolgten Restaurierung der Grabdenkmäler wurde die oben schräg abgeschnittene Säule offensichtlich etwas verdreht, wie der Vergleich mit alten Aufnahmen ergibt.

Mittleres Grabdenkmal

„Hier ruht Bernhard WALDEN Hauptmann im Preussischen 1ten Grdier Regt Kronprinz, geb. zu Holte den 22. Februar 1838, gef. zu Noisseville am 31ten August 1870 für Koenig und Vaterland".

Auf dem Sockel weist eine Tafel darauf hin, dass diese Kriegsgräberstätte als historische Stätte klassifiziert ist. Das Steinkreuz wurde bei der Restaurierung erneuert, ursprünglich war es höher.

<u>Rechtes Denkmal</u>

„Hauptmann von Gersdorff Ritter des Orden Pour le Merite u. Rothen Adler Orden mit Schwerdt. fiel den 31ten Aug. 1870".

Geschichtlicher Hintergrund:

Das GR 1 stand mit dem Schwesterregiment IR 41 am 31. August 1870 im Zentrum des französischen Ausbruchversuchs Richtung Failly und Ste. Barbe. Die Verluste des Regiments waren schwer: 91 Tote, 218 Verwundete, 16 Vermisste[5].

Quellen:

[1] VL 64: aus Breslau, T, Sch. i . d. rechten Oberschenkel

[2] VL 64: aus Münden, Kr. Göttingen, T, Sch. i. d. r. Brust, Hals u. Unterleib

[3] VL 64: aus Rastenburg, T, Sch. d. d. Kopf

[4] VL 64: T, Sch. i. d. Brust, 4 in beide Beine

[5] Engel: a.a.O., S. 119

Quellenverzeichnis

Aufgeführt sind nur die wichtigsten Quellen, keine Standardwerke oder Regimentsgeschichten

Bücher und gedruckte Veröffentlichungen

Engel: Die Verluste der deutschen Armeen an Offizieren und
                        Mannschaften im Kriege gegen Frankreich 1870 und 1871,
                        Berlin 1872

Dittrich, Max: Deutsche Heldengräber im Reichslande. Wanderstudien über
                        die Schlachtfelder von 1870 in Elsass-Lothringen, Rathenow
                        1895

Hoff, Francois;   Metz 1870 – Les monuments commémoratifs des champs de
Pollino, Bernard;   bataille, Louviers 2009
Pochon, Francis:

Lang, Georg: Metzer Schlachtfeldführer. Nach den besten Quellen
                        bearbeitet von Georg Lang, 12. Auflage, Metz 1914

Lattorff v., Arthur: Denkmäler und Erinnerungszeichen auf den Schlachtfeldern
                        bei Saarbrücken, St. Johann-Saarbrücken 1877

Lindner, Th.:   Der Krieg gegen Frankreich 1870-71, Tafel 1, Berlin 1895

Mohr, Rudolf: Beiträge zur Vorgeschichte des Krieges 1870/71 nach den
                        neuesten deutschen und französischen Veröffentlichungen,
                        sowie die Vorgänge an der Saar bis zum Gefecht von
                        Saarbrücken einschließlich. Zugleich: Ein Führer über das
                        Gefechtsfeld des 2. August 1870, Teil I, Saarbrücken 1912

Mohr, Rudolf: Der 3., 4., 5. August und die Schlacht bei Spichern am 6.
                        August 1870 – Ein Führer über das Schlachtfeld, Teil II,
                        Saarbrücken 1912

o.V.:   Illustrierter Fremdenführer für die Besucher des Spicherer
                        Schlachtfeldes sowie der Städte Saarbrücken und St. Johann
                        nebst Umgebung, Saarbrücken 1895

Rohde, Horst;   Militärgeschichtlicher Reiseführer Metz, Berlin – Bonn –
Geiger, Armin Karl.   Hamburg 1995
Hrsg.: Horst Rohde
u. Robert Ostrovsky:

Ruppertsberg, Albert:	Saarbrücker Kriegschronik. Ereignisse in u. bei Saarbrücken und St. Johann sowie am Spicherer Berg 1870, Saarbrücken 1895, Nachdruck St. Ingbert 1978

Internet-Quellen

Reuter, Stefan: www.spurensuche-spichern.de

Verlust-Listen der Königlich Preußischen Armee und der Großherzoglich Badischen Division aus dem Feldzuge 1870-1871. Hrsg.: Königliche Geheime Oberhofbuchdruckerei, Berlin 1871, u.a. Digitalisat der ULB Düsseldorf

www.memorialgenweb.org